中国城市土地集约利用的空间效应分析

朱志远 著

中国社会科学出版社

图书在版编目(CIP)数据

中国城市土地集约利用的空间效应分析／朱志远著.—北京：中国社会科学出版社，2020.1
ISBN 978-7-5203-5552-0

Ⅰ.①中… Ⅱ.①朱… Ⅲ.①城市土地—土地利用—研究—中国 Ⅳ.①F299.232.2

中国版本图书馆 CIP 数据核字(2019)第 248320 号

出 版 人	赵剑英
责任编辑	车文娇
责任校对	周晓东
责任印制	王 超
出　　版	中国社会科学出版社
社　　址	北京鼓楼西大街甲 158 号
邮　　编	100720
网　　址	http://www.csspw.cn
发 行 部	010-84083685
门 市 部	010-84029450
经　　销	新华书店及其他书店
印　　刷	北京明恒达印务有限公司
装　　订	廊坊市广阳区广增装订厂
版　　次	2020 年 1 月第 1 版
印　　次	2020 年 1 月第 1 次印刷
开　　本	710×1000　1/16
印　　张	13.25
插　　页	2
字　　数	151 千字
定　　价	59.00 元

凡购买中国社会科学出版社图书，如有质量问题请与本社营销中心联系调换
电话：010-84083683
版权所有　侵权必究

前　言

中国城市发展和城市化已进入新时期，既成为推进城市经济增长的"火车头"，也成为中国现代化建设的重要引擎。但从总体上看，中国城市建设依然没有摆脱高要素投入、高资源消耗、低经济密度、低资源产出率的传统粗放模式，在资源利用管理上"高代价、低效率"的特征十分显著。在城市建设用地总量控制、城市空间外向拓展受阻的情景下，城市土地集约利用成为跨越城市发展过程中土地资源"瓶颈"约束的有效措施。

城市土地利用是一个系统，是涉及区域经济、社会、人口、资源、资本等要素的一个复杂有机统一体，城市土地资源的利用状况关乎城市发展的规模、形态与效率。城市土地集约利用本质上是各种资源按照市场经济规律对土地的一种替代作用，这种替代作用反映了城市土地利用行为与城市整体发展方向的一致性状况。合理、科学利用城市土地资源，有利于形成节约资源与保护环境的国土开发格局。另外，基于产业布局、区域规划等内容的城市空间布局形态又深刻影响着城市土地利用的空间结构。从空间角度研究城市土地集约利用问题，能够有效识别中国城市土地利用的空间分异特征和变化趋势，对优化国土利用空间和土地利用结构具有重要意义。因此，在土地资源总量控制与城市空间扩张的矛盾日益加剧，由片面注重追求城市规模扩张转变为以提升内涵为中心的大背景下，将空间效应纳入城市土地集约利用的测度框架，通过理论与实证分析研究城市土地利用的驱动因素、差异特征、协调水平，开展面向宏观调控的土地利用研究是破解新常态下土地节约集约利用难题的现实选择。本书希望对城市土地管理模式、战略规划及相关政策的制定提供理论依据，并促进城市空间布局的优化和城市土地集约利用水平的提升。

本书在城市土地集约利用的分析框架下，将空间效应嵌入水平测度、特征分析、影响机制、差异变化及协调发展分析子模块，构建相应的分析测度模型，分别从静态测度、动态比较、空间检验的视角测度中国省际城市土地集约利用的水平，从宏观视角分析城市土地集约利用行为的驱动因素及收敛趋势，并结合城市生态经济发展分析土地利用与生态经济的协调水平，最后提出中国城市土地集约利用水平的提升策略。主要研究内容如下：一是基于空间区域划分理论研究，从新型城镇化的布局与结构入手，对中国城市土地集约利用水平进行测度，比较区域间城市土地集约利用水平的差异，分析中国省际城市土地集约利用水平的变化与分布特征，对中国城市土地集约利用行为的空间效应进行检验。二是基于空间收敛性理论分析，引入新古典经济增长理论中的收敛性假说，分析中国省际城市土地集约利用水平的影响因素，寻找中国城市土地集约利用水平的区域差异变化特征与收敛特征，为差别化土地管理措施的制定提供实证参考。三是基于空间协调发展理论研究，通过界定城市土地集约利用与生态经济协调发展的内涵，基于TOPSIS方法，构建协调性测度模型，分析中国省际协调发展水平的时空分异特征，在中国城市土地利用与环境保护之间寻找协调发展的路径。四是基于提升策略分析，针对计量模型的检验结果，分别从资源禀赋、产业结构、城市化发展、经济发展水平、人力资本水平、R&D投入水平六个角度提出相应的城市土地集约利用水平提升策略。

本书的研究成果得到了潍坊学院博士科研基金（2018BS02）、潍坊市软科学基金项目（2018RKX038）和全国统计科学研究项目（2019LY20）的资助。本书在编写过程中得到了诸多前辈的指点和同行师友的帮助，也参考了部分学者的研究成果，在此一同表示感谢。同时感谢中国社会科学出版社各位编辑对书稿的顺利出版所付出的辛勤劳动。

当前，关于土地利用问题的研究已经与多学科多领域课题进行交叉，研究成果日新月异。由于笔者水平有限，书中疏漏之处在所难免，恳请各位同行批评斧正。

朱志远

2019年1月于山东潍坊

目 录

第一章 绪论 …………………………………………（001）
  第一节 研究背景 ……………………………………（001）
  第二节 研究意义 ……………………………………（003）
  第三节 文献综述 ……………………………………（007）
  第四节 研究内容和研究方法 ………………………（017）
  第五节 研究结构安排 ………………………………（024）

第二章 土地集约利用的经济学理论基础与模型 ………（028）
  第一节 城市土地集约利用分析 ……………………（028）
  第二节 土地集约利用的经济学理论基础 …………（033）
  第三节 空间计量经济学模型与方法 ………………（044）
  第四节 本章小结 ……………………………………（064）

第三章 中国城市土地集约利用水平测度 ………………（066）
  第一节 中国城市土地集约利用水平评价 …………（066）
  第二节 评价方法 ……………………………………（069）

第三节　评价指标体系构建 ……………………………（074）
　　第四节　测度结果及分析 …………………………………（078）
　　第五节　空间效应分析 ……………………………………（087）
　　第六节　本章小结 …………………………………………（090）
第四章　城市土地集约利用的影响因素分析 …………………（092）
　　第一节　影响因素识别及影响机理分析 …………………（093）
　　第二节　实证分析 …………………………………………（100）
　　第三节　本章小结 …………………………………………（118）
第五章　城市土地集约利用的空间不均衡及其空间
　　　　　收敛性 ……………………………………………（120）
　　第一节　城市土地集约利用的空间不均衡测度 …………（121）
　　第二节　城市土地集约利用的空间极化测度 ……………（128）
　　第三节　城市土地集约利用的空间 β 收敛性分析 ……（132）
　　第四节　本章小结 …………………………………………（140）
第六章　省际城市土地集约利用与区域生态经济协调
　　　　　发展分析 …………………………………………（142）
　　第一节　指标体系与数据来源 ……………………………（144）
　　第二节　研究方法 …………………………………………（145）
　　第三节　城市土地集约利用与生态经济发展关系
　　　　　　分析 ……………………………………………（148）
　　第四节　实证研究 …………………………………………（150）
　　第五节　本章小结 …………………………………………（157）
第七章　中国城市土地集约利用的经验与提升策略 ……（159）
　　第一节　国内外城市土地集约利用的经验借鉴 …………（159）

第二节　中国城市土地集约利用的经验与问题 ……… （163）
第三节　中国城市土地集约利用优化与水平的提升 … （170）
第四节　本章小结 …………………………………… （176）

第八章　研究结论 ……………………………………… （177）
第一节　结论 ………………………………………… （177）
第二节　模型总结 …………………………………… （181）

参考文献 …………………………………………………… （183）

第一章

绪　论

第一节　研究背景

1978年以来,中国工业化、城镇化加速推进,取得了发达国家上百年才取得的成就。国家统计局相关数据显示,中国城镇化率已由1978年的17.92%提高到2014年的54.77%。随着中国城市化进程的推进,城市建设用地与农业用地之间的矛盾日益突出,城市化对土地资源的需求越来越大(Fiona Curran-Cournane et al., 2014),城市建设用地急剧扩张不仅造成了耕地数量的减少,还恶化了生态环境。研究表明,1985—2010年,中国耕地向建设用地转移占总转移面积的比例最大。最大限度地集约利用城市土地,不但可以抑制城市规模的无序扩张,而且有利于碳减排和生态环境保护(Chuai Xiaowei et al., 2014)。

值得注意的是,中国城市化率的提高并没有伴随城市发展的高效率。一个突出的表现就是土地资源的浪费。目前,城乡统一的建设用地市场尚未健全，城市中心存量土地不能高效盘活，次中心及城市周边土地征收速度过快，致使城市土地利用与区域经济发展极不协调。有些地方土地城市化的速度大大超过人口城市化的速度，城市用地规模弹性系数一度达到2.28，大大高于1.12的合理水平，土地集约利用的空间还很大。从建设用地情况看，城市人均建设用地面积已经超过130平方米，远远高于发达国家人均82.4平方米和发展中国家人均83.3平方米的水平（方烨等，2006）。以上海为例，其建设用地总规模由2000年的1500平方千米增长至2011年的2961平方千米，约占全市陆域面积的47%，年均增长约120平方千米。[①] 城市建设用地所占比重高，意味着农业和生态用地减少。从耕地情况来看，第二次全国土地调查数据显示，中国人均耕地面积只有0.101公顷（1.52亩），不及世界平均水平的一半，且耕地后备资源严重不足，60%以上的耕地后备资源分布在水源缺乏或者水土流失、沙化、盐碱化严重和低洼湖泊地区。全国耕地平均质量总体偏低，优等地面积仅占耕地评定总面积的2.9%。

人多地少是中国的基本土地国情，利用粗放又是当前土地利用的基本现状。解决当前城市人地矛盾问题，一是扩大规模，二是内部挖潜。在从严控制城市土地扩张的背景下，对城市进行内部挖潜，提高城市土地集约利用水平成为新常态下土地利用创新的突破点。2008年，国务院下发了《关于促进节约集约用地的通知》，要求加强耕地保护，大力促进节约集约用地，对探索土地利用新路子提出了新的要求。国土资源"十二五"规

---

① 资料来源：《中国统计年鉴》（2001—2012）。

划纲要中提出了一个新指标,单位国内生产总值建设用地面积降低30%,将集约、节约利用土地的目标进一步量化。2012年,国土资源部发布了《关于大力推进节约集约用地制度建设的意见》,要求重点建立健全八项节约集约用地制度。2014年,国土资源部发布了《节约集约利用土地规定》,针对当前城市发展面临的新形势,在总结地方试点经验的基础上,对土地管理与利用的制度进行了归纳和提升。2015年,国务院印发了《关于加快推进生态文明建设的意见》,要求加强城市土地规划与管控,推动城市发展内涵提升。

在土地资源总量控制与城市空间扩张的矛盾日益加剧,由片面注重追求城市规模扩张,改变为以提升内涵为中心的大背景下,如何提高城市土地集约利用的整体水平,尤其是开展面向宏观调控的土地利用研究尤为重要,这也是破解新常态下土地节约集约利用难题的现实选择。

第二节 研究意义

城市土地利用是一个系统,是涉及区域经济、社会、人口、资源、资本等要素组成的一个复杂有机统一体,合理、科学利用城市土地资源,有利于形成节约资源与保护环境的国土开发格局。从空间角度研究城市土地集约利用问题,能够有效识别中国城市土地利用的空间分异特征和变化趋势,对优化国土利用空间和土地利用结构具有重要意义。

一 理论意义

(一) 可拓展城市土地集约利用评价的理论研究与方法体系

国内外学者在城市土地利用方面取得了丰硕的成果，但关于城市土地利用的评价指标与方法有待进一步完善，评价方法也不尽相同。而且多数研究主要集中于耕地集约利用方面，少数城市土地方面的研究较多关注宗地、开发区以及工业园区，城市宏观层面的研究较少。本书将城市理论、多属性决策理论、计量经济学理论、土地经济学理论进行交叉和集成，对现有评价方法进行完善，建立一套适合中国城市发展与土地利用自身特点的评价体系，有利于完善对新时期城市土地利用的认识。在此基础上，从集约评价、分布特征、驱动因素、变化趋势四个方面构建城市土地集约利用的分析框架，使城市土地集约利用的评价更具政策指导意义。

(二) 可丰富城市土地集约利用的研究内容

现有研究大多集中于城市土地集约利用的内涵与评价指标的选择，有关土地集约利用水平影响因素的研究也仅是采用普通的回归方法。鉴于中国各城市之间发展差异较大，土地利用情况各有特点，本书通过建立空间计量经济学模型找出城市土地集约利用的影响因素，并基于计量经济学理论探究这些因素的影响机理，对不同地区的土地集约利用影响因素作差别化研究。借用经济增长理论中的收敛性分析方法，系统分析了中国城市土地集约利用的收敛性，为各地区开展区域土地利用合作提供理论依据。

二 实践意义

传统粗放的土地利用方式一方面危及耕地保有量，透支建设用地指标；另一方面造成了以外延扩张为主的城市发展方式。土地资源稀缺性的特点决定了土地供给的有限性，由此造成的土地供应不足又成为制约中国城市化进程的重要因素。能否破解传统土地利用方式带来的一系列用地矛盾，做到有限土地资源的合理利用，将直接影响到中国城市化的进程。因此，对城市土地集约利用的变化特征进行研究具有重要的现实意义。

（一）保障城市区域粮食安全与生态安全的迫切需要

城市化引起的农地非农化不但导致耕地数量的减少，还造成耕地质量的恶化。城市外延扩张使土地细碎化，在一定程度上降低了农地的规模化经营。另外，存量耕地的过度利用也进一步加剧了耕地质量的恶化。

冯孝杰等认为，土地利用对生态环境变化影响巨大，是生态变化的重要驱动因素，生态环境变化是土地利用的累积结果（冯孝杰等，2004）。以城市土地为载体的工业化生产产生的废水、废气以及固体废弃物直接或间接导致了土壤污染，危及粮食安全与生态安全，科学地评估城市土地集约利用水平，有利于约束农地非农化，促进经济与生态的协调发展。

(二) 有利于促进城市区域产业结构升级，转变城市发展方式

随着土地在宏观经济调控中作用的逐步加强，城市经济的发展必然引起产业结构的不断优化和升级。在这一过程中，土地利用结构的调整又相对滞后。决策过程中土地资源的开发成本被低估，导致产业进入门槛过低，重复建设严重，产业结构同构现象普遍（曲福田等，2005），这要求必须在城市发展统一框架下，探讨各地区适宜的土地集约模式，以缓解城市化过程中的土地需求压力。只有通过合理的城市用地规划，做到城市土地的科学配置、集约利用，才能使城市发展方式由外延扩张型向内涵挖潜型转变，从而倒逼产业结构升级，促进技术创新。本书将重点研究城市土地集约利用对产业结构的影响程度，对约束企业集约用地、引导城市产业布局具有重要的现实意义。

(三) 解决城市土地资源供给不足，建设资源节约型社会的有效途径

由于中国工业化进程的加快以及城市外延的扩张，人口、资源、环境之间的矛盾不会在短期内得到改变，必须将土地资源的集约利用纳入节约型社会的建设体系中，实现土地资源的节约、集约利用，以缓解当前人地关系紧张的状况，扭转土地资源供给不足的局面，为实现城市土地利用优化配置指明方向。

(四) 建立统一的城乡建设用地市场的必然要求

随着新型城镇化的不断向前推进，建设用地需求量与日俱

增,集体建设用地流转可以有效缓解土地后备资源不足问题。一方面,农村集体用地的利用一直处于低效状态,要保证集体建设用地进入土地流转市场后产生最佳效益,必须坚持集约利用。另一方面,统一的建设用地市场必然加快集体建设用地流转,也必然要求盘活集体存量建设用地,实现集约利用。城市土地市场较农村市场更为成熟,城市土地的集约利用可以为集体建设用地的集约利用提供切实可行的途径。因此,进行城市土地集约利用的研究对强化节约、集约利用土地,构建完善的建设用地市场具有重要意义。

第三节 文献综述

一 土地集约利用相关理论成果及其评述

关于土地集约利用的探讨始于德国古典经济学和农业经营学中农业土地利用方面的研究。如经济地理学和农业地理学的创始人杜能(Thünen)在其创立的农业区位理论中揭示了土地集约经营与经营类型、地租以及区位的关系。弗里德里希·艾瑞堡(Friedrich Aereboe)的《农业经营学概论》中系统论述了农业经营集约度及其差异。随着经济的发展和城市的扩张,土地利用范围慢慢扩大,人地矛盾日益突出,土地资源的稀缺性开始凸显。如何协调城市用地扩张与耕地保护之间的矛盾开始引起学者的关注(Scott,2001;Hasse,2003),土地集约利用理论便开始扩展到城市用地。与此同时,经典的土地报酬递减理论、土地市场理论、城市规划理论相继被引入城市土地集约利用的范畴。

现有研究主要从土地利用结构（Kasanko et al.，2006；Liu Zhiyou et al.，2013）、土地投入水平（Wang et al.，2012；Zhu Zhiyuan et al.，2014）、土地利用强度（Cui Wei et al.，2013；Lambin et al.，2000）以及土地产出效益（Herzog et al.，2006；Turner，1978）四个方面诠释城市土地集约利用的内涵。随着生态文明、低碳发展思想的融入，土地利用的生态效益也成为城市土地集约利用内涵的新元素（Shriar，2000；宁小李，2015）。

与农业用地集约利用不同的是，目前城市土地集约利用的内涵在学术界仍然没有达成共识。不同学者依据各自研究角度的不同对城市土地集约利用的内涵进行着不同的阐述。究其原因，首先，这是由于农业用地与城市土地定位不同。农业用地既是生产资料又是生产对象（Östlund，2015），农业用地的投入与其产出具有直接的因果逻辑关系；而城市土地作为城市发展的载体，只作为生产资料参与经济发展，其产出（如第二次产业生产总值）与土地投入在很大程度上是间接的关系。其次，城市用地的服务对象也比农业用地复杂。从空间尺度上看，可以分为宏观、中观、微观三个层次，不同层次用地的集约内涵也不尽相同。最后，两者的经济学前提不同。农业生产可以近似地认为是在规模报酬不变的条件下进行的，而城市土地所承载的生产活动（特别是中国现阶段的城市化）往往具有规模报酬递增的特点。因此，从某种意义上讲，相比农业用地，城市土地集约利用侧重用地布局、结构与效益，其范畴更广，承载的意义更深。

鉴于对"集约"概念的理解不同,国外学者关于土地集约利用的研究均针对农业用地,而对城市土地集约利用的研究鲜有涉及,主要以"紧凑城市"(王爱民,2010;Howley,2009;Yang and O'Neill,2014;Neuman,2005)、"精明增长"(Wey and Hsu,2014;Neirotti et al.,2014)的理念讨论城市土地。相反,国内城市土地集约利用的研究却是一个热点问题。

二 城市土地集约利用评价方法研究

土地集约利用的评价方法比较丰富,根据不同的评价视角,学者使用的方法也不同。设计适当的方法使城市土地集约利用的评价结果更具科学性和合理性是土地研究者要解决的问题。现将土地集约利用评价的方法总结如下。

(一)多因素综合评价法

多因素综合评价法通过判断评价指标的重要性,赋予评价指标相应的权重,将指标值加权求和,通过模型修正,得到城市土地集约利用综合指数。其评价模型为:

$$u_i = \frac{1}{n}\sum_{j=1}^{n} a_{ij} \cdot w_j, \ i=1,2,\cdots,m, \ j=1,2,\cdots,n \quad (1.1)$$

式中,u_i 为第 i 个评价单元的城市土地集约利用综合指数,a_{ij} 为第 i 个评价单元第 j 项指标的标准化数值,w_j 为第 j 项指标的权重。

多因素综合评价法简单直观,反映数据特征全面,在城市土地集约利用的宏观与中观评价中应用较多。

(二) 主成分分析法

主成分分析法是一种多元统计分析方法，主要通过降维的思想消除指标间的相关性，然后通过计算各主成分特征值的占比作为权重，得到土地集约利用的综合评价分值（武美丽等，2016）。该方法适合样本数量大的数据，评价结果也受样本数量的影响。主成分分析法在城市土地集约利用及其效用中应用广泛。但采用主成分分析法对面板数据进行分析时，无法保证系统分析的统一性、整体性和可比性。

(三) 人工神经网络评价法

人工神经网络评价法是通过模仿神经网络的行为特征，通过"自学习"或者"训练"进行分布式并行信息处理（钱铭杰等，2014），最终确定网络的结构和参数。人工神经网络的评价模型有数十种，其中应用较广泛的是 BP 神经网络。通过对该方法实证研究得到的结果进行比较，发现人工神经网络模型能够准确反映变量之间的复杂非线性关系，是一种可行的评价方法。人工神经网络模型对典型样本的选取要求较高，否则有可能陷入局部极值，使训练失败。

(四) 模糊综合评价法

模糊综合评价法借助模糊数学的隶属度理论，通过模糊评判矩阵对评价对象的多种指标进行总体评价。模糊综合评价法一般与层次分析、秩相关系数等方法结合使用，如李丹等

(2010)运用模糊综合评价法分析山东半岛城市群城市土地利用效益,并结合秩相关系数、协调度模型分析各城市土地利用的空间分布格局与时序变化趋势。

(五) RS 和 GIS 技术评价方法

RS 和 GIS 技术为土地集约利用评价提供了广阔的平台,在 GIS 强大的空间分析技术辅助下,可以更加便捷地获取评价区域的数字地形模型和三维模型,从而得到城市土地集约利用指数信息。相关研究有将 GIS 技术应用于土地集约利用评价系统,基于 RS 与 GIS 对土地资源生态质量进行评价等。

(六) 其他评价方法

还有学者采用委托代理模型(郭珍和吴宇哲,2016;Hosseinali et al.,2013)、协调度模型(饶映雪等,2016;姚成胜等,2016)进行土地集约利用评价。其中,指标权重的确定方法有德尔菲法、熵值法、层次分析法、因子分析法等,在具体运用时可以根据实际条件采取一种或者几种主客观赋权相结合的方法。

三 城市土地集约利用影响因素分析

城市土地集约利用的影响因素分析也是国内最近研究的热点问题,学者大多从与城市经济发展密切联系的层面寻求城市土地集约利用的影响因素,这些因素主要包括土地市场发育程度、人口、区位、产业结构与产业政策、经济水平等。如邱士可等(2010)从定性的角度分析了城市人口规模、经济规模和用地规模对城市土地集约的影响；江立武等(2010)通过构建开发区生态用地配置与土地集约利用关系模型，发现开发区生态用地配置与土地利用强度、土地市场化程度以及用地结构呈负相关，而与土地开发程度呈正相关；韩峰(2012)采用动态计量方法分析了技术进步对土地利用的正向影响，发现其对土地利用结构的影响具有滞后性；顾湘(2011)着重分析了产业结构演进对土地利用空间结构布局、数量结构、土地利用效率的影响；杨红梅等(2011)通过构建计量模型估算土地市场发育对土地集约利用的作用方向和程度，发现不同时期的土地市场化程度对土地集约利用水平的作用程度和作用方向有着较大差别，这也在一定程度上说明了城市土地集约的动态性；渠丽萍等(2010)通过定性与定量结合的方法研究了经济产出增长、城市非农化水平、全社会固定资产投资以及土地供给对城市土地集约利用的影响，认为严格控制城市建设用地增量供给和构建土地集约利用长效机制是提高城市土地集约利用的主要方向；王家庭、季凯文(2009)对全国34个典型城市进行经济计量分析，发现对城市土地集约利用影响最为显著的因素主要有区位条件、经济发展水平、人口密度、地均投资强度、GDP建设用地增长弹性、地均科研投入以及环境因素等。

四 城市土地集约利用应用研究

从研究对象来看，关于城市土地集约利用的应用研究主要从以下三个层面展开：企业用地评价、行业用地评价、区域用地评价。

（一）企业用地评价

企业用地的集约利用评价由于数据获取的难度较大，国内研究较少。现有研究主要是基于开发区内部空间挖潜与典型企业投入产出效益的角度展开研究的。潘卓（2011）通过追踪重庆市乡镇企业土地利用情况，将其土地集约化利用程度分为四个阶段，提出乡镇企业产业结构优化的措施；鲁春阳（2009）基于企业用地评价的角度研究发现，重庆沙坪坝区乡镇企业土地投入强度的增长率大于土地集约利用水平的增长率，乡镇企业土地集约利用水平有待提高；另外，企业的特征与性质（如高新技术企业）也对企业用地的集约化程度具有重要影响（曹文慧等，2016）。

（二）行业用地评价

行业用地评价可以对企业用地进行分级管理，有助于开发区产业结构的优化调整。对城市土地来讲，其行业用地的集约利用主要是指第二、第三产业的土地利用。徐慧、黄贤金等（2010）对江阴市电力行业用地的集约利用水平进行评价，发现其集约水平整体偏低，并提出应从市场机制、政策导向、技术创新等方面对电力行业土地集约利用构建对策框架；对江苏省和宁波市的工业用地而言，其高度集约类型主要集中在纺织、交通运输、设备制造以及通信行业（李伟芳，2008）。

（三）区域用地评价

区域用地评价又可分为宏观层次的全国、城市群（城市圈）、省级行政区的集约利用评价，中观层次的典型城市集约利用评价和城市功能区集约利用评价以及微观层次的宗地集约利用评价。国外宏观层次的研究主要侧重对土地政策的评价，如集约城市的可行性分析、城市土地的管制政策等。

从研究角度来看，城市土地集约利用的应用主要集中在城镇化进程、土地集约利用效应以及低碳视角三个方面。由于土地利用政策参与宏观经济调控的作用越发明显，其对城市化的影响受到学者的关注，这方面的研究主要有耦合协调度分析、城市空间扩张、土地市场与城市发展等。城市土地集约利用效应是指城市土地集约利用过程中相伴产生的诸如用地结构、产业结构、产业集聚、土地价格、城市交通、资源利用、就业、生态环境等的变化，现有研究主要集中于土地价格、经济结构、城市交通、城市环境等方面。此外，城市土地集约利用程度对耕地保护的影响也是研究的重点。近年来，国内相关学者将低碳经济与土地集约利用相结合，从土地的低碳集约利用状况、低碳集约利用模式、建设用地扩张对碳排放的贡献等方面展开探讨，也取得了一些有价值的成果。

五　城市土地集约利用提升对策与政策分析

通过定性研究探讨集约对策与路径是对城市土地集约利用研究的有效补充。在经济发展与现行土地管理体制双重约束下，城市土地集约利用水平的提升可以降低城市经济发展的土地代价，缓和城市化进程中的用地矛盾（王格芳，2010）。因此，必须健全土地市场体系、制定用地准入标准、建立动态监管体系、积极推进土地整理，才能最终实现土地配置合理化、土地利用集约化的目标。

此外，还有学者对旧城改造中的土地集约潜力、政府职能与税收政策等方面展开讨论，从中寻找土地集约利用的路径与方法。

六 研究现状述评

城市土地利用研究已经从单纯探讨土地利用的合理性发展到问题诊断、过程评价、机制构建等全方位研究。从研究内容来看，主要涉及土地集约利用评价、土地承载力评价、土地利用生态安全评价、土地利用变化及驱动力、土地空间布局等多个方面。从研究趋势来看，已经从之前的定性研究转向集约测度方法等定量化研究上来，其中，模糊数学、统计学、决策方法、计量经济学方法应用较多。然而，目前研究也存在一些有待解决的问题。一是城市土地利用研究体系上，较多关注评价指标体系的构建，从城市空间结构角度探讨城市土地集约利用路径的文献较少。二是研究对象上，重点关注单一城市土地利用，对各城市之间及城市区域内部土地之间集约利用差异化的研究较少。三是研究方法上，建立的城市土地集约利用定量评价模型大多针对时间序列或者截面数据，对区域空间数据信息的挖掘不足。

作为土地利用的热点问题，城市土地集约利用的研究取得了丰硕的成果，为本书研究的继续打下了坚实的基础。但从整体来看，现有研究主要有以下方面需要改进。

（一）研究尺度上，应加强多个区域的对比研究

目前研究多为单一区域的时间序列分析，忽略了空间单元之间的相关性，不能体现土地利用的整体性，从而无法分析土地利用的生态效应和社会效应。不同区域之间由于区位优势和经济水平的差异，其城市土地集约利用水平存在空间差异。通过对比分析有助于制定差异化的提升对策，寻找缩小差异的途径。

（二）研究内容上，应加强城市土地集约利用效应的研究

城市土地集约利用对生态环境、产业结构升级、资源利用、经济发展等产生的影响愈加显著，土地集约利用效应的研究有助于引起人们对土地集约的关注，唤醒人们的集约意识，提高城市土地集约利用评价结果的应用价值。另外，也可为相关部门制定工业、能源、交通、科教等领域的城市政策提供参考。

（三）研究方法上，应加强空间统计、空间面板计量分析模型的应用

少数使用空间计量经济学方法的研究即使考虑了空间单元的相关性，其使用的数据也主要是截面数据，忽略了具有时空演变特征的时间尺度上的相关性。面板数据计量模型同时集成

考虑了时间相关性和空间相关性，但其美中不足在于对评价单元均相等的假设，即不考虑空间效应。相比传统的主成分分析、聚类分析等工具，空间统计、空间面板计量分析方法能够将面板数据模型与空间计量模型有机结合，可以综合考虑变量的时空二维特征和信息，往往会使评价体系的参数结构产生新的特点，有助于从更深层次上揭示城市土地集约利用的时空变化规律，探索城市土地集约利用的驱动力及驱动机制。

第四节　研究内容和研究方法

一　研究内容

目前国内外学者关于土地集约利用的研究成果相当丰富，其中对城市土地集约利用的研究主要集中在土地集约利用的内涵、评价指标体系的构建上，且大多关注单一城市或者具体行业用地，缺乏整体宏观层面的大区域土地利用评价，研究数据主要是时间序列或者某一横截面数据，对其影响因素的研究相对较少。城市的发展必然伴随着区域经济一体化程度的提高，主要表现为人口、产业的集聚，交通网络的形成，资源利用效率的提高等，这些变化又会影响原有的土地利用格局。城市的土地利用具有怎样的分布特征？哪些因素推动了城市土地集约利用的集聚与扩散？本书综合运用城市经济学、土地经济学、空间计量经济学等多学科的研究理论与方法，以探究城市土地利用的空间效应为目标，对中国城市土地集约利用的分布特征、区域差异、影响因素以及收敛状况进行了研究。主要研究工作如下。

(一) 基于纵横向拉开档次法的土地集约利用水平测度

首先，通过基于文献计量的指标频数统计方法构建城市土地集约利用评价指标体系，将纵横向拉开档次法引入土地集约利用评价模型，从时序动态视角出发，对2004—2017年中国城市土地集约利用水平进行纵向与横向的客观比较，分析城市土地集约利用的动态变化；其次，通过纵横向拉开档次法对30个省份进行综合动态排序，根据最大序差的变化范围确定各城市的土地集约利用状态，依次进行对比分析；最后，基于探索性数据分析方法，对中国城市土地集约利用行为的空间效应进行验证（见图1-1）。

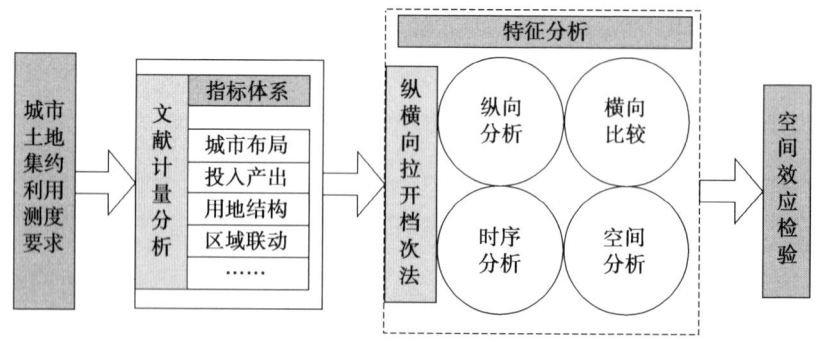

图1-1 城市土地集约利用水平测度与分析

(二) 城市土地集约利用水平的影响因素分析

首先，对影响城市土地集约利用水平的诸多因素进行筛选，定量分析土地资源禀赋、经济发展水平、城市化水平、产业结构、人力资本、科技投入对城市土地集约利用的影响机理；其次，根据地理空间统计学原理对中国城市土地集约利用的空间效应进行检验；最后，结合面板数据模型和空间计量模型，建立城市土地集约利用的空间面板计量模型，对六个方面的主要影响因素进行实证分析（见图1-2）。

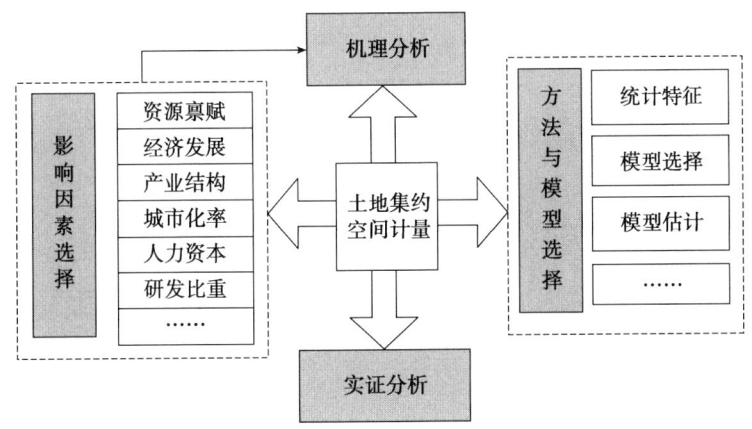

图1-2 城市土地集约利用行为的影响因素及影响机理

（三）城市土地集约利用的空间收敛性分析

为研究不同类型地区的城市土地集约利用的差异变化特征，分析影响集约差异的关键因素，借鉴经济增长理论中的收敛性假说思想，从动态视角对中国城市土地集约利用水平的变化特征与区域差异分别进行 σ-收敛和 β-收敛检验，以期获得2004—2015年中国城市土地集约利用的区域差异演化特征。①对城市土地集约利用的空间不均衡性、空间极化特征及演化趋势进行分析；②采用空间计量方法对城市土地集约利用水平的绝对 β-收敛进行验证；③着重考察经济发展、产业结构、科技投入、城市化水平、人力资本等因素对城市土地利用条件 β-收敛的影响（见图 1-3）。

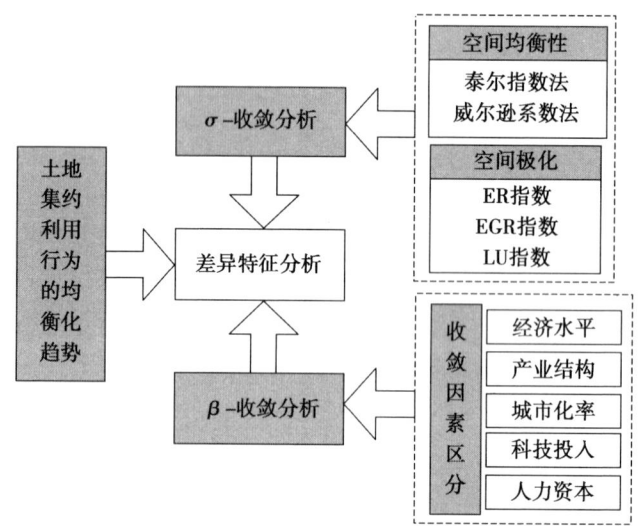

图 1-3 城市土地集约利用水平收敛性分析

（四）基于效率视角的城市土地集约利用与生态经济发展水平协调机制研究

城市土地集约利用评价指标体系的构建在兼顾公平的同时也考虑了效率视角。本书基于效率的视角首先构建生态效率评价指标体系，然后将其与土地集约利用评价指标体系相结合，构建二者的协调度评价模型；其次，通过中国 2004—2015 年 30 个省份的协调度分析，深度挖掘土地利用与生态环境的协调发展机制，寻找通过城市土地集约调控改善生态经济水平的有效途径（见图 1-4）。

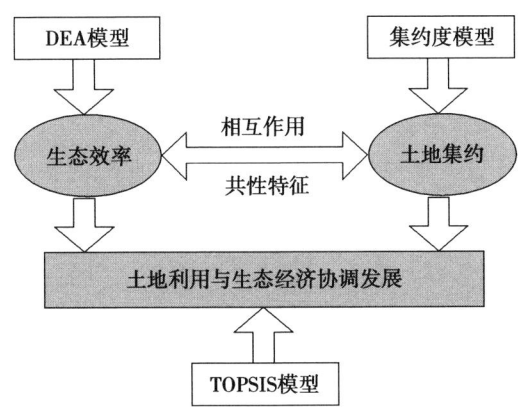

图1-4 土地利用与生态经济协调发展分析

(五) 城市土地集约利用水平提升策略分析

通过比较不同类型国家和地区城市土地管理的相关理论与实践，系统梳理城市土地利用及管理的政策，提出城市土地集约利用水平的提升路径，并对路径进行可行性分析。通过（1）—（4）揭示的东部、中部、西部、东北四大地区城市土地集约利用的共性与差异性，针对省际层面的用地空间扩展特征，从土地规划体系、土地管理体制、政府总量调控、配套设施衔接、财政税收调节、用地考核等方面提出中国城市整体用地集约与有效扩展的对策建议，进而为建立有效的土地管理协调机制提供参考（见图1-5）。

二 研究方法

本书将运用土地经济学、空间统计学、计量经济学、管理科学、生态科学和线性规划理论为依据，对城市土地集约利用

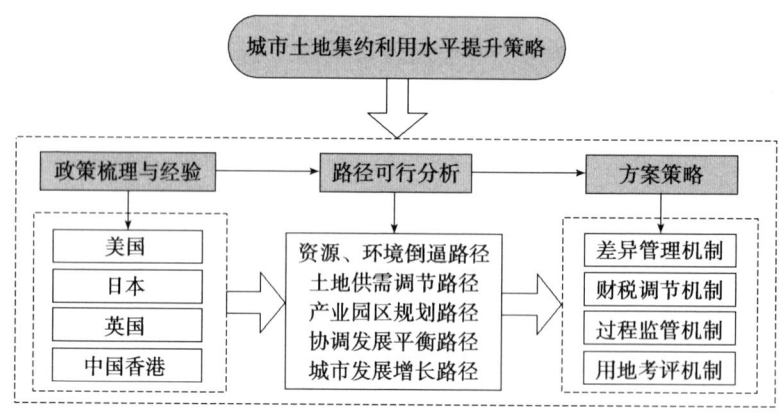

图 1-5 城市土地集约利用水平的提升策略

的空间效应进行研究,主要研究方法如下。

(一) 文献分析方法

通过梳理国内外相关文献资料,总结土地利用的相关理论与方法,形成本书的主体思路与观点。通过查阅国内外文献数据库,基于文献频度分析的方法,提炼出城市土地集约利用的驱动因素,本着因子分析、耦合作用、系统集成的逻辑过程,将人地关系、空间集约与区域关联纳入一个系统性分析框架。

(二) 定性分析与定量分析相结合的方法

在定性分析城市土地集约利用内涵和评价指标体系的基础上,通过纵横向拉开档次法建立数学评价模型对城市土地集约利用水平进行定量测度。结合探索性数据分析方法与空间计量经济学方法,考虑地理单元的空间依赖性与空间相关性,定量识别城市土地集约利用的空间效应，检验城市土地集约利用的主要影响因子与辅助影响因子及其影响强度，并由此提出中国城市土地集约利用的优化路径。

(三) 静态分析与动态分析相结合的方法

通过纵横向拉开档次法对中国城市土地集约利用水平进行静态测度，结合威尔逊系数与泰尔指数法对城市土地集约利用的区域差异进行分析，并通过各驱动因素的静态固化，建立空间计量经济学模型进行动态的空间收敛性分析，以揭示中国城市土地集约利用的时空分异特征。

三 主要的创新点

本书主要研究城市土地集约利用中的空间效应问题，相比已有研究，本书的主要贡献是拓宽了城市土地集约利用评价的研究视角，并基于四个方面的研究内容构建相应的分析模型开展实证分析。本书尝试的创新之处主要体现在以下几个方面。

(1) 就研究内容看，研究解构了城市土地集约利用行为的特征，探讨了其总体分布与时序变化，评价了城市土地集约利用与城市生态经济发展的协调程度，厘清了今后政策优化的方向。这些内容，较为系统地回答了如何通过城市空间布局对城市土地进行总量控制与集约挖潜的问题。上述问题是将地理学第一定律应用在城市土地集约评价领域的一次有效尝试。

(2) 就研究视角看，在城市土地集约利用的差异性分析中引入收敛性假说的思想方法，并将其拓展为空间收敛性分析模型；结合差异度测度指数、空间极化指数对中国城市土地集约利用的差异特征进行实证分析，进一步拓宽了土地集约利用的研究视角。

（3）就研究观点看，提出了城市土地利用存在空间关联的观点。这不同于以往将评价单元看作均质的假设，而是认为相邻地区的城市土地利用行为会相互影响，这有助于从更深层次揭示城市土地集约利用的时空变化规律，探索城市土地集约利用的驱动力及驱动机制。

（4）就研究方法看，引入纵横向拉开档次法赋权构建测度模型，考察城市土地集约利用的时间差异与空间差异；将空间效应纳入城市土地集约利用分析框架，构建空间面板计量模型对中国城市土地集约利用的决定因素及空间溢出效应进行研究，以检测土地集约利用行为的空间联系与相关性；通过 TOPSIS 方法构建协调性测度模型，对城市土地集约利用与生态经济发展的协调性进行评价。

第五节　研究结构安排

一　技术路线图

本书围绕城市土地集约利用的几个关键问题展开研究，结合土地经济学、城市经济学、经济地理学、环境经济学、计量经济学以及管理科学等相关理论，运用理论研究与实证研究相结合、定量研究与定性研究相结合、一般研究与典型研究相结合的研究方法，对城市土地集约利用的相关问题进行系统研究，力图构建中国城市发展进程中土地集约利用的有效途径，最终为建设资源节约型、环境友好型社会提供有价值的政策参考。具体思路见图1-6。

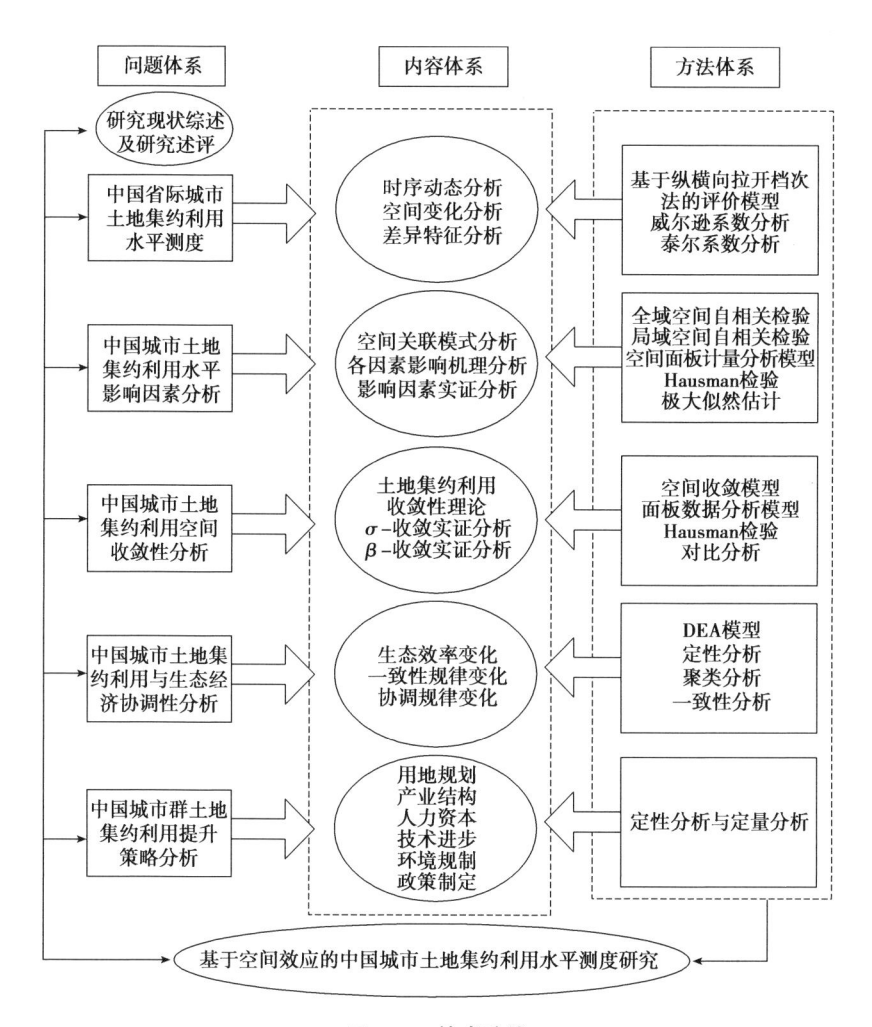

图1-6 技术路线

二 结构安排

第一章为绪论，主要阐述了相关研究背景、具体研究目标、内容、方法与技术路线。城市土地集约利用的研究内容涉及内涵界定、评价方法、应用实践等多个方面，本部分内容在总结已有研究成果的基础上，针对中国情景提出相应的研究路径。

第二章介绍了城市土地集约利用的基础理论与方法。本章重点论述了土地报酬递减理论、地租地价理论、区位理论、产业结构理论、制度变迁理论以及计量经济学理论与方法。通过这一章的理论与方法论述，明确了城市土地集约利用的分析基础。

第三章主要进行了城市土地集约利用水平的测度与特征分析。在这一部分，一是引入纵横向拉开档次法对城市土地集约利用水平进行测度，以利于横向、纵向比较分析区域间土地集约利用的差异；二是采用探索性数据分析方法对中国城市土地集约利用行为的空间效应进行识别，为后文空间计量模型的引入提供依据。

第四章是城市土地集约利用的影响因素分析。基于新型城镇化布局，系统分析土地资源禀赋、产业结构、城市化水平、人力资本、R&D 投入、经济发展水平等因素对中国城市土地集约利用的影响机理，并基于空间面板数据计量模型对理论预设进行验证，为城市土地集约利用空间溢出效应的存在提供经验证据。

第五章主要进行了城市土地集约利用的空间收敛性分析。

中国区域发展的不平衡决定了区域间城市土地利用水平存在差异，而这种区域异质性的存在为制定差别化的城市土地政策提供了依据。本章首先测度中国城市土地集约利用水平的区域差异与空间极化程度，然后建立空间收敛性模型对区域差异的变化趋势进行收敛性分析。

第六章是省际城市土地集约利用与区域生态经济协调发展分析。土地集约利用的目的是通过要素之间的替代作用促进城市经济、社会、生态的协调发展。本章在界定城市土地集约利用与生态经济协调发展内涵的基础上，基于 TOPSIS 方法，构建协调性测度模型，分析 2004—2015 年中国省际协调发展水平的时空分异特征。

第七章讨论了中国城市土地集约利用的经验与提升策略。首先对美国、日本、英国、中国香港等典型国家和地区城市土地利用与管理的相关经验进行梳理，总结中国城市土地集约利用的可行政策，从用地规划、城市布局、管理调控等方面提出城市土地集约利用的提升策略。

第八章是研究结论。

第二章

土地集约利用的经济学理论基础与模型

城市经济学、空间经济学以及计量经济学的发展和完善，为城市土地集约利用研究提供了越来越丰富的理论与方法。同时，各学科之间的交叉与融合也为城市土地集约利用的研究提供了新的分析视角。本章在阐述城市土地集约利用的相关概念后，着重土地利用的报酬递减理论、地租地价理论、区位理论和可持续发展理论的基础性，并对空间统计学、空间计量经济学的相关方法进行总结。

第一节 城市土地集约利用分析

一 城市土地的概念界定

城市土地是城市规划区范围内以建成区为主的城市非农用

地的总称。它是城市建设与城市发展的空间载体和城市经济社会发展的基础。按行政区划范围，城市土地分为全市土地和市区土地。全市土地是指市域范围内的全部土地；市区土地仅包括建成区的城区和郊区的土地。按照开发程度，城市土地分为城市建成区土地、城市规划区土地和城市行政区划内的土地（赵乐，2010）。建成区面积既能够反映当前城市化区域的大小，又能够反映一定时间阶段城市建设用地规模、形态和实际使用情况，因此，这里所谓城市土地是指城市建成区土地。

城市土地利用是城市土地在城市工业、交通、商业、文化、住房、教育等领域的配置和使用，是城市土地由自然属性向经济属性的转化过程，反映了城市布局的基本形态和城市内部功能区的地域差异。

城市土地既具有自然属性，又具有社会经济属性。自然属性是指城市土地的数量有限、位置固定、使用不可替代、空间持久等特点；经济属性是指城市土地的供给稀缺、用途多样、产权垄断以及资产性等特点。较之农业用地，城市土地作为城市经济社会发展的载体，还具有如下特点。

（一）城市土地的区位性

在城市化加速推进时期，生产要素的流动性和经济联系越发活跃，城市土地利用效益在很大程度上取决于城市土地的区位特征。城市土地所处位置的产业集聚程度、交通便利程度、基础设施完备程度和生态环境状况都是城市土地区位特征的具体表现。

(二) 城市土地的集约性

城市规模扩张，引起城市用地需求增加，通过供求关系导致城市土地用地成本上涨，迫使城市土地必须节约、集约利用。例如，可以通过地上地下空间的延伸、提高建筑密度和综合容积率等方式提高土地空间利用率，以弥补城市土地总量控制带来的土地紧缺。

(三) 城市土地数量的扩张性

虽然城市土地节约、集约利用可以在一定程度上缓解日益增加的城市用地需求带来的矛盾，但是由于人口城市化进程的推进，城市用地面积绝对量却一直在增加，加剧了农业用地向城市用地转移。在大多数情况下，这种转移是单向的，而非在城乡之间的双向转移。

(四) 城市土地用途的连续性

城市用地多为建设用地，为经济发展投入了大量资金、人力和物力。城市土地承载的投入一旦固化为建筑、道路、厂房等设施，基于改变土地用途的成本与区域规划的考虑，其利用方式在一定时期内难以改变。

城市土地的利用过程是一个城市自然、经济、社会等诸多因素综合作用的复杂过程。城市土地利用的方式、程度既受自然条件、资源禀赋等因素的影响，也受城市发展状况、经济技术条件、土地管理水平以及人文环境等因素的影响，但社会生产方式往往对土地利用方式起决定性作用，因此土地利用必须适应一定的社会生产方式才能做到节约、集约利用。

二 城市土地集约利用的内涵

城市土地集约利用的概念起源于农地集约利用，由于城市土地的性质不同于农业用地，城市土地集约利用比农地集约利用复杂得多，故国内外学者关于城市土地集约利用的概念尚未达成共识。随着社会发展理念的变化，不同学者基于不同的研究目的和侧重点，结合时代背景，对城市土地集约利用的内涵作了不同的阐述。主要分为以下四类：

（一）基于投入产出角度的城市土地集约利用内涵解释

这种观点认为，城市土地集约利用就是通过增加单位面积土地上的资本、劳动、技术等投入，获得城市土地的最高报酬或者经济效益。实际上，这是一种单要素的土地集约利用水平评价方法，根据投入指标的衡量变量不同，城市土地集约利用可分为资金集约、技术集约和人口集约三种（方创琳，2013）。资金集约用单位面积土地的投资额表示；技术集约用单位面积土地的技术投资表示；人口集约用单位面积土地的人口数量或者劳动力数量表示。

（二）基于动态性、综合性角度的城市土地集约利用内涵解释

这种观点认为，城市土地集约利用不仅体现在投入产出方

面,还体现在城市土地利用结构与城市土地空间的合理性方面。城市土地集约利用就是通过对现有存量土地上进行投入,最大限度地提高城市土地利用效率,最终促使城市土地利用结构趋于合理。城市土地集约利用就是要达到以下三个目标:单位面积城市土地产出效率明显提高;城市土地利用规划科学,城市土地空间布局合理;城市土地利用结构明显优化,城市土地功能明显提升(方创琳,2013)。

(三) 基于不同空间尺度的城市土地集约利用内涵解释

这种观点认为,城市土地集约利用的内涵必须根据评价对象的尺度来确定,不同空间尺度的城市土地有着不同的集约利用目标。宏观层次的城市土地集约利用注重城市土地利用的综合效益;中观层次的城市土地集约利用注重城市土地功能区的效率提升和城市土地利用结构的合理性;微观层次的城市土地集约利用注重宗地的投入产出效益。

(四) 基于不同时代背景的城市土地集约利用内涵解释

这种观点认为,城市土地集约利用在不同的城市发展时期有着不同的集约内涵,应该根据城市发展过程中城市功能的实际拓展情况,体现用地的社会效益、经济效益和生态环境效益。如生态型土地集约利用观点认为,城市土地集约利用就是通过合理配置城市土地的投入要素,使城市土地的利用强度、利用空间和利用结构达到有序、合理的水平,在保护城市生态环境的同时实现最大的经济效益(刘浩,2011)。

结合上述分析，可以发现城市土地集约利用是一个动态的概念，它随着经济发展水平与科技进步而动态发展，具有广泛性和复杂性的特点，其基本内涵是指在现有技术水平条件下，通过加大单位面积要素投入和优化结构布局，提高城市土地的利用率和使用强度，以获得高额的经济、社会和环境效益。

第二节 土地集约利用的经济学理论基础

一 土地报酬递减

土地报酬递减规律，是指在生产技术水平及其他要素不变的前提下，在一定面积的土地上不断追加某一生产要素，使其产出（土地报酬）达到最高点；此后，每一单位生产要素的产出将会减少，总产量将呈现先增加后减少的变化趋势。这里的产出（土地报酬），分为总报酬（TP）、平均报酬（AP）和边际报酬（MP）三部分。图2-1给出了在不同阶段的土地报酬随着生产要素投入的增加而呈现出的变化趋势。

在土地利用的初期（OB），平均报酬处于上升阶段，边际报酬则先增加后减少，但是总报酬仍然处于上升阶段，此时应继续追加生产要素的投入。在土地利用的第二阶段，平均报酬与边际报酬在D点相等，之后边际报酬开始小于平均报酬，但总报酬仍旧处于上升阶段。在这一阶段要注意土地投入各要素之间的配置比例，以达到收益最大。在第三阶段，投入要素的边际报酬最终下降为0，生产弹性为负，平均报酬继续递减，总

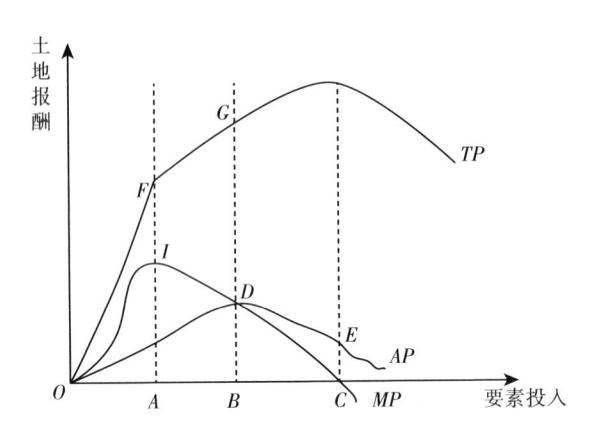

图 2-1 不同阶段的土地报酬变化

报酬开始下降，此时再继续追加生产要素投入将不再合理。

通过上面的分析可以发现，C 点是土地集约利用的投入极限点，B 点是平均产出的最高点。因此，城市土地集约利用的要素投入必须控制在一个合理的范围内，这个范围就是从 B 点到 C 点的投入。

在各种土地利用方式中，区分土地利用的集约边际与粗放边际是十分重要的。所谓集约边际，是指土地在利用中投入生产要素所达到的临界点，该点所用的资本及劳动等要素的投入成本与收益相等。而粗放边际，又称无租边际，是在最佳生产条件下土地的产出只能够补偿其成本的一种情形。集约边际代表了社会总的土地利用情况，适用于土地的一切生产性利用；而粗放边际则会影响那些在经营中只能收支相抵的生产者，它在市场价格和市场需要的作用下，决定着生产者选择低品质的最后一级土地，即最低等级的土地。土地的集约利用水平变化可以用集约边际与粗放边际来刻画（雷利·巴洛维，1989）。土地利用的集约边际用 MN 表示，MN 刻画了土地投入要素的极限；土地利用的粗放边际用 NR 表示，NR 刻画了使用土地的极限，一旦土地利用超过这个极限，土地利用的边际成本就大于边际收益。当生产成本增加时，为减少生产要素投入，集约边际由 MN 下降到 M'N'，土地投入也相应减少，粗放边际则由 NR 移动到 N'R'；反之，生产成本提高时，则会增加要素投入，增加土地利用面积（见图 2-2）。

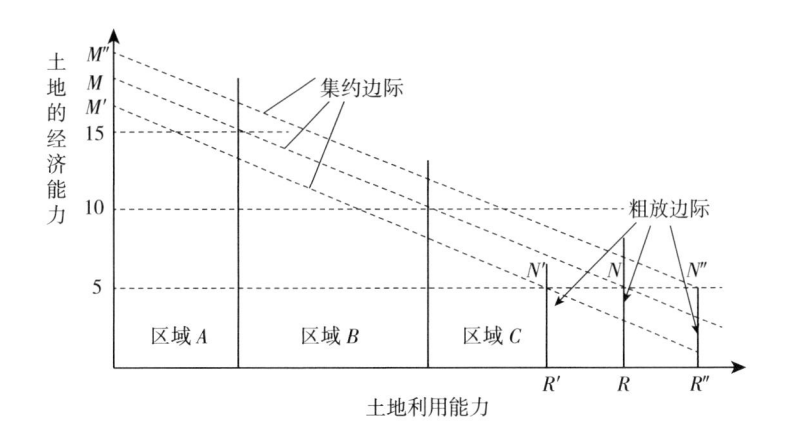

图 2-2 土地利用的集约边际与粗放边际

二 地租理论

城市化进程的推进使土地稀缺问题日益加剧，加之国家对城市非农用地指标的总量控制，地租、地价成为调节城市土地集约利用的重要经济杠杆。

古典经济学的早期地租理论认为，土地的区位和肥力是地租产生的原因，土地所有权是地租的基础，地租是农业生产者为使用土地而支付的代价。亚当·斯密对级差地租、绝对地租和垄断地租做了不同程度的论述，他认为地租与土地的衍生物没有关系，而与土地的肥沃程度和区位有关。英国古典经济学家詹姆斯·安德森认为，级差地租与农业生产率无关，其大小取决于土地肥力的差别，土地所有权也不会影响地租。大卫·李嘉图进一步发展了安德森的级差地租理论，他认为土地资源供给的有限性和质量的不同是级差地租产生的原因。

新古典主义城市地租理论则将研究对象从土地的物质地租转移到土地的资本地租上来。美国经济学家阿隆索（Alonso）的《区位与土地利用：关于地租的一般理论》一书成功地将杜能的农业土地利用模型应用到城市土地，并采用数学方法提出了竞价曲线，解决了城市地租计算的理论方法问题，使城市土地与农业用地的用地理论统一在同一个理论分析框架下（见图2-3）。阿隆索将竞价曲线与地价构成曲线 $P(t)$ 相叠加，发现土地购买者会选择一个满意程度最高，而又与地价构成曲线相吻合的区位，即图2-3中买价曲线与地价曲线 $P(t)$ 相切处 E，这时购买者取得区位平衡。

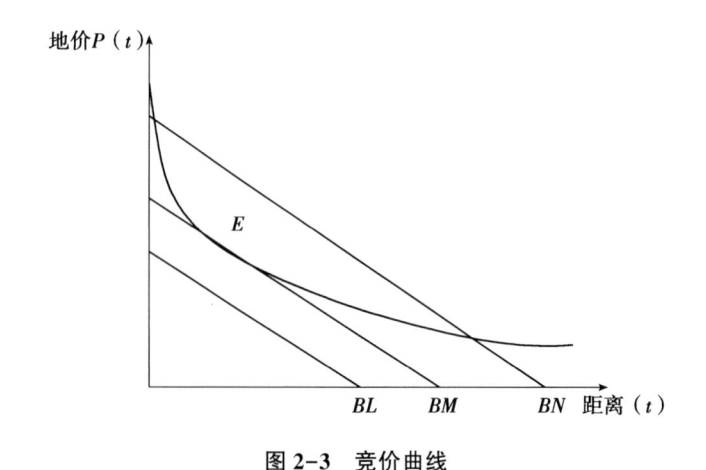

图 2-3　竞价曲线

马克思的地租理论认为地租是土地产权分化和土地商品化运作的产物,是土地所有权的经济报酬。马克思的级差地租理论对政府调节土地市场、合理分配土地收益具有重要现实意义。级差地租又叫差额地租、相对地租,分为级差地租Ⅰ和级差地租Ⅱ。由于地力、位置等因素的不同产生的级差地租称为级差地租Ⅰ;由于土地投入的资金、技术等的差异性产生的级差地租称为级差地租Ⅱ。级差地租Ⅰ中的区位地租和宁适地租,为当前中国城市土地集约可持续利用政策的制定提供了理论依据。在制定土地利用规划与城市发展规划时,只有遵循地租规律,充分考虑市场需求,才能通过规划实现城市土地的经济价值,并通过规划促进土地节约集约利用。

三 区位理论

土地位置具有固定性的特征,土地的区位因素必会深刻影响土地集约利用的决策。因此,城市土地利用的区位选择也是土地利用政策研究的重要一环。在城市土地利用的区位分析方面,德国地理学家克里斯塔勒的中心地理论和经济学家廖什的市场区位论具有重要意义。

从研究层面来看,区位分析理论主要分为两个方面:一是将城市看作一个点,分析城市在整个区域中的地位;二是将城市看作一个面,分析城市内部区域发展差异导致的区位问题。本书中只关注后一种情况,即着重分析城市内部区位差异带来的土地利用差异。

区位通过直接或者间接作用的途径,影响土地利用的成本和收益，最终影响土地利用的结果。但是，无论何种形式的作用，本质上都是通过宏观或者微观经济行为主体的经济活动来实现。区位分析的模型主要有最小费用区位分析模型和最大利润区位分析模型。

（一）最小费用区位分析模型

杜能的农业区位论和韦伯的工业区位论是最小费用区位论的典型代表。从成本的角度看，区位选择的决定因素主要是影响经营成本的变量，如运费、原材料等，用下面的关系式表示：

$$\pi = f(p, t, c, \omega, l, q) = pq - qc - \varphi(\omega_i, l_i, t_i) \qquad (2.1)$$

式中，π 表示利润，p 表示价格，c 表示单位产品的成本，ω 表示原材料的重量，l 表示运输距离，q 表示产品数量；t_i 表示单位吨里程运费；f 和 φ 表示函数关系。

最小费用区位分析模型要解决的是在收益不变的条件下成本最小化的问题。

假定 $R = pq - qc = q(p-c) = \overline{R}$，对工业用地而言，运输成本既包含原材料又包含产品，运输成本用函数可以表示为：

$$\varphi(\omega_i, l_i, t_i) = \sum \omega_i l_i t_i = \omega_1 l_1 t + \omega_2 l_2 t \qquad (2.2)$$

式中，ω_1 表示原材料的重量，l_1 表示运输距离，ω_2 表示产品重量，l_2 表示到产品市场的距离，t 表示单位吨里程运费。

要使运输成本最低，求一阶偏导可得：

$$\partial \varphi(\omega_i, l_i, t_i) = \omega_1 t \partial l_1 + \omega_2 t \partial l_2 = 0 \qquad (2.3)$$

于是，

$$\frac{\partial l_1}{\partial l_2} = -\frac{\omega_2 t}{\omega_1 t} = -\frac{\omega_2}{\omega_1} \qquad (2.4)$$

上式表明，区位的确定依赖于产品重量与原材料重量之比。

（二）最大利润区位分析模型

最小费用区位分析模型收益不变的假设与生产实际不符，在分析区位选择时将收益与区位分裂开来，容易产生偏差。而最大利润区位分析模型则放松了上面的假设，函数关系如下：

$$\pi = f[p(l_i,z),t,c,\omega,l,q(l_i,x)]$$
$$= p(l_i,z) \times q(l_i,x) - q(l_i,x)c - \varphi(\omega_i,l_i,t_i) \quad (2.5)$$

式中，π表示利润，p表示价格，c表示单位产品的成本，ω表示原材料的重量，l表示运输距离，q表示产品数量；t_i表示单位吨里程运费；f和φ表示函数关系，$p(l_i,z)$表示价格函数，$q(l_i,x)$表示需求函数，z表示除距离之外影响价格的其他因素，x表示除距离之外影响需求的其他因素。

相应地，价格与需求均为区位的函数，即：

$$p = p(l_i,z), \quad q = q(l_i,x) \quad (2.6)$$

上述模型显示，成本和收入均与区位有关。因此，在进行区位决策时，就需要考虑如何通过空间布局减少成本，增加收入。此时，同第一种模型的分析，再利用极值条件求解即可。

四 地价理论

商品价格是供求关系作用的结果，土地价格也不例外，但是土地价格又不同于一般商品的价格。一般认为，土地价格是指土地使用者付出的资本代价，这种资本是由花费在土地上的社会必要劳动时间所决定的。土地价格包含土地所有权的售价、土地的出让价格以及土地的租赁价格等。

地价是地租的资本化。土地的资本价值就是土地的售价。马克思认为，土地价格=地租÷土地还原利率。在中国现行的土地管理体制中，土地使用权的资本化是土地资本化的主要形式。因此，地价理论为城市土地管理者掌握城市近郊土地集约利用的特点指明了方向。地价是土地资源供求关系下资源配置作用的结果。从经济学角度看，生产要素的配置必定会影响生产要素的价格，城市土地价格也应该是城市社会资源配置的结果。从土地市场的角度看，完善土地市场发育，形成合理的土地价格形成机制，有利于城市土地投入资源的合理配置，达到集约利用的目的。

需求与供给是土地价格最根本的决定因素。对不同类型的用地，地价的变动规律又有所不同，如商业用地和居住用地、工业用地与居住用地价格的变化等。对建设用地而言，其价格由土地出让成本、管理成本等构成。影响城市土地价格的主要因素有土地政策、土地利用规划、货币政策以及政府干预、市场预期等。

城市土地的定价理论主要是基于有市场势力的定价（见图2-4）。假设政府为土地市场的供应主体，土地供应量为 Q^*，土地价格为 P^*，边际成本为 MC，边际收益为 MR。由于土地供给的稀缺性特点，一部分有较强购买能力的买家愿意以高于 P^* 的价格购买土地，此时，区域 $P_0 P^* A$ 为消费者剩余；另一部分买家则愿意支付低于 P^* 但高于 P_1 的价格购买土地。通过这种定价方式，全部消费者剩余被供应主体侵占。基于上述定价方式，政府依据城市发展规划与土地利用规划，结合土地的区位特征，进行不同类型土地的开发计划，对不同土地购买者实行不同的土地价格。

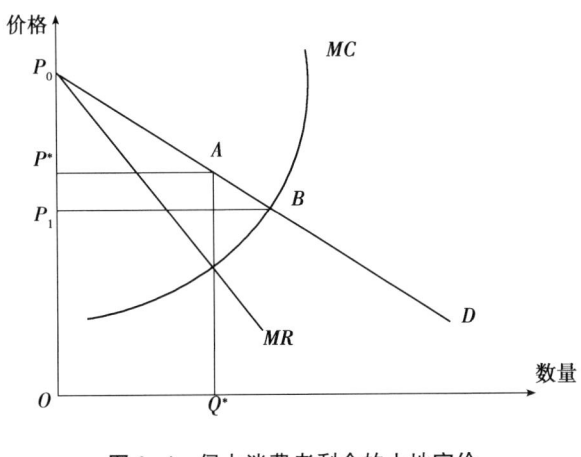

图 2-4 侵占消费者剩余的土地定价

五 土地可持续利用理论

土地可持续利用思想来源于经济社会可持续发展的思想，是工业化、城市化进程中可持续发展理念在土地利用中的延伸。其基本要求是在满足当代人需求的同时，土地利用不能对后代的持续利用构成危害，或者土地利用既要满足当代人的需求，又不会影响人类今后的长远需要。土地可持续利用的目标是保证土地生产力与土地潜力的稳定性，并实现生产力的持续增长，最终达到经济效益、社会效益和生态效益的有机统一。

从发展的角度看，土地可持续利用要求人类从土地上获得的福利水平应该随着时间的推移得到提高或者至少不会降低。

在土地配置政策上，要做到在满足当代人用地需求的基础上，不危害后代人的用地需求，既要促进当代人的经济社会发展，又要保证后代的发展可持续。总而言之，既要做到代内公平也要做到代际公平，既要注重土地资源配置的效率也要实现土地资源配置的公平。从生态的角度看，不能以牺牲土地生态环境与质量为代价换取土地利用的经济效益，要保证土地生态系统物质和能量在土地利用过程中的良性循环。

对城市土地而言，土地可持续利用就是要在城市化进程的推进过程中，处理好土地供需矛盾，优化土地利用空间结构与功能结构，提高土地利用效率。城市化对土地可持续利用的影响主要体现在以下几个方面。

（一）城市化促使城市土地利用功能的改变

城市化的具体表现就是人口城市化、经济城市化与土地城市化。人口城市化促使农村人口向城市集聚，社会经济结构发生变化，城市扩张加速农业用地向非农用地转化。在这个过程中，产业结构不断升级，工业用地、交通用地、商业用地占比不断扩大，城市土地空间承载的功能不断加强。另外，城市化带来的土地利用方式和土地覆被变化对生态环境也产生了重要影响。

（二）城市化促进城市土地利用结构的改变

城市化引起土地利用结构的改变主要表现在两个方面。一是城市土地数量结构的改变，主要包括城市总体用地规模的扩大与城市不同用地类型之间结构的改变;二是城市用地空间结构的改变,主要是城市土地利用层次划分与圈层结构的体现。城市土地集约利用要求城市土地空间在广度和深度上做到立体利用,对城市人口密度和容积率提出了新的要求。

(三) 城市化促进城市土地社会属性的改变

首先,城市土地既是生产资料又是生产对象,随着人口向城市转移,农业人口对土地的依附性减弱,降低了土地在社会生产中的重要性;其次,随着土地市场发育的不断完善,土地作为公共物品的属性进一步加强,政府的土地调控措施将更加有利于城市土地集约利用;最后,城市化带来的土地管理方式出现新的变化,土地管理政策与土地利用规划的制定与实施更加注重土地资源的可持续利用。

(四) 城市化促进城市土地利用生态的改变

一方面,城市化引发的土地利用方式、生活方式以及气候的改变直接加剧了土壤侵蚀与水土流失,改变了城市周边的农业种植结构,导致农业用地的自然生产能力下降。另一方面,城市建设未对城市土地原有地貌、植被、水体等景观资源形成有效的保护,其引发的地表结构变化使地表的渗透能力、热交换能力明显下降,地表径流系数提高,导致土壤功能下降。另外,城市污水、工业废气、汽车废气的排放也对土壤环境造成了负面影响。

城市土地可持续利用就是要在保证城市化进程稳定推进的

前提下，减少对土地资源的破坏，必须通过制定合理的用地规划、生态规划，减弱土地资源的"瓶颈"效应，切实保护土地生态环境。

第三节　空间计量经济学模型与方法

与普通计量经济学不同的是，空间计量经济学重视研究对象的空间效应，利用区域数据的空间特性进行空间数据分析。自 1994 年荷兰计量经济学家 Paelinek 提出该理论以来，空间计量经济学逐渐完善并在地理学、经济学、卫生学等领域得到广泛应用，并迅速发展成为计量经济学的重要分支。

一　探索性空间数据分析

探索性数据分析（Exploratory Data Analysis，EDA）是一种结合数据的真实分布情况，在尽可能少的先验假定下探索数据的结构和规律的数据分析方法。根据分析背景的不同，又可分为探索性空间数据分析（Exploratory Spatial Data Analysis，ESDA）和探索性时空数据分析（Exploratory Spatio-Temporal Data Analysis，ESTDA），其中前者的应用较为普遍。

探索性空间数据分析方法是一种由数据驱动而非理论驱动的探索过程，用于探测数据空间分布的空间自相关特性与非随机性，其基本方法为空间统计方法。最常用的探索性空间数据分析方法是空间自相关分析，该方法结合统计学方法与现代图形交互式技术，能够直观展现隐含在空间数据背后的空间分布、空间相互作用等特征。探索性空间数据分析方法步骤见图2-5。

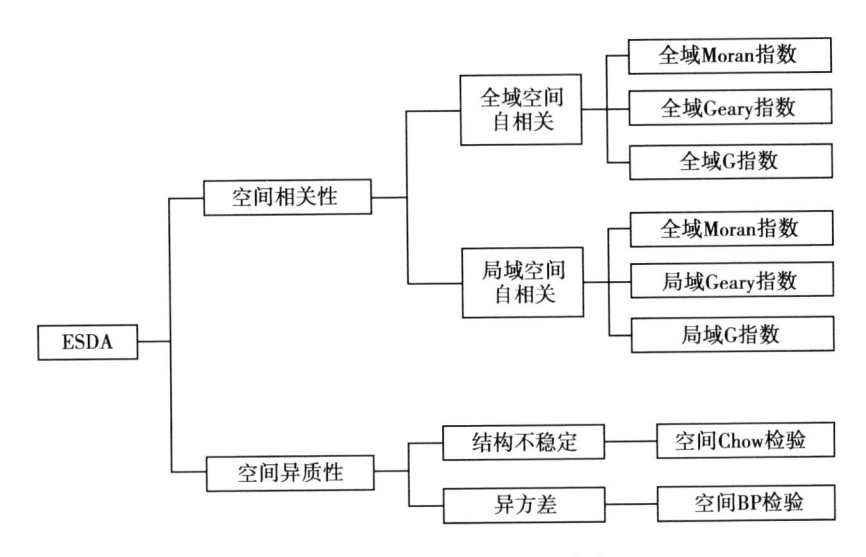

图2-5 探索性数据分析方法步骤

空间自相关分析方法又可分为全局空间相关性分析（Global Spatial Autocorrelation）和局域空间自相关分析（Local Spatial Autocorrelation），前者主要分析空间数据在整个系统内部是否具有集聚特性，通常用 Moran's I 指数（Moran，1950）和 Geary's C 指数（Geary，1954）等指标来度量；后者用于分析系统内局部范围的空间分布特征对整个系统空间相关性的影响。主要是用局部 Moran's I 散点图（Moran Scatterplot）、局部 Geary's C 统计量和 LISA（Local Indicators of Spatial Association）图来度量。下面就两种方法分别说明。

（一）全域空间自相关分析

1. 全域 Moran's I

Moran's I 指数由 Moran（1950）首次提出，采用评价对象观测值的平均值为基础来衡量平均对象距离平均值的离散程度。计算公式如下：

$$I = \frac{n\sum_{i=1}^{n}\sum_{j=1}^{n}w_{ij}(x_i-\bar{x})(x_j-\bar{x})}{\sum_{i=1}^{n}\sum_{j=1}^{n}w_{ij}\sum_{i=1}^{n}(x_i-\bar{x})^2} = \frac{\sum_{i=1}^{n}\sum_{j=1}^{n}w_{ij}(x_i-\bar{x})(x_j-\bar{x})}{s^2\sum_{i=1}^{n}\sum_{j=1}^{n}w_{ij}} \quad (2.7)$$

式中，n 为地区总数，w_{ij} 为行标准化的空间权重矩阵，x_i 和 x_j 分别为第 i 个区域和第 j 个区域的观测值，$\bar{x} = \left(\sum_{i=1}^{n}x_i\right)/n$，为所有区域观测值的平均值，$s^2 = \left[\sum_{i=1}^{n}(x_i-\bar{x})^2\right]/n$，为观测值的方差。Moran's I 指数介于 -1 到 1。

Moran's I 大于 0 时表示区域系统存在正的空间自相关，指数越大，区域属性的集聚性越高，即高值区与高值区相邻，低值区与低值区相邻；小于 0 时表示区域系统存在负的空间自相关，即高值区与低值区相邻。

Moran's I 指数的检验需要通过构建如下 Z 统计量来检验：

$$Z = \frac{I - E(I)}{\sqrt{VAR(I)}} \quad (2.8)$$

式中，$E(I)$ 与 $VAR(I)$ 分别为 Moran's I 指数的数学期望与方差。零假设为区域间不存在空间相关性，若在 α 的显著性水平下零假设成立，说明观测值为随机分布；若拒绝零假设，表明区域间存在空间自相关。

2. 全域 Geary's C

Geary（1954）提出检验全域空间自相关的另一个指标——Geary's C 指数（又称 G 指数），该指数以观测值之间的距离来估计空间相关性。计算公式如下：

$$C(d) = \frac{n-1}{2\sum_{i=1}^{n}\sum_{j=1}^{n}w_{ij}} \frac{\sum_{i=1}^{n}\sum_{j=1}^{n}w_{ij}(x_i-x_j)^2}{\sum(x_i-\bar{x})^2} \quad (2.9)$$

Geary's C 指数的检验统计量公式如下：

$$Z_{C(d)} = \frac{C(d)-E(C(d))}{\sqrt{VAR(C(d))}} \quad (2.10)$$

式中，$C(d)$ 为 Geary's C 指数，n 为地区总数，w_{ij} 为行标准化的空间权重矩阵，$E(C(d))$ 与 $VAR(C(d))$ 分别为 Geary's C 指数的数学期望与方差。

正态性条件下 Geary's C 的方差为：

$$VAR(C(d)) = \frac{\left\{\sum_{i=1}^{n}\sum_{j=1}^{n}(w_{ij}+w_{ji})^2 + \sum_{i=1}^{n}\left[\sum_{j=1}^{n}(w_{ij}+w_{ji})\right]^2\right\}(n-1) - 4\left(\sum_{i=1}^{n}\sum_{j=1}^{n}w_{ij}\right)^2}{2(n+1)\sum_{i=1}^{n}\sum_{j=1}^{n}w_{ij}}$$

$$(2.11)$$

随机性条件下 Geary's C 的方差为：

$$VAR(C(d)) = \frac{\left[\frac{1}{2}\sum_{i=1}^{n}\sum_{j=1}^{n}(w_{ij}+w_{ji})^2\right](n-1)[n^2-3n+3-k(n-1)]}{\left(\sum_{i=1}^{n}\sum_{j=1}^{n}w_{ij}\right)n(n-2)(n-3)} +$$

$$\frac{n^2-3-k(n-1)^2}{n(n-2)(n-3)} - \frac{(n-1)\sum_{i=1}^{n}\left[\sum_{j=1}^{n}(w_{ij}+w_{ji})\right]^2[n^2+3n-6-k(n^2-n+2)]}{4n(n-2)(n-3)\left(\sum_{i=1}^{n}\sum_{j=1}^{n}w_{ij}\right)^2}$$

(2.12)

Geary's C 指数介于 0 和 2，若在 α 的显著性水平下指数大于 1 表示存在负的空间相关性，等于 1 表示不存在空间相关性，小于 1 表示存在正的空间相关性。

3. 全域 Getis-Ord's G

Getis 与 Ord 提出一种基于权矩阵的全域空间自相关指标，是 Geary 指数的局部聚类检验，称为 G 指数或者 Getis-Ord's G 指数（Getis and Ord, 1992）。该指数取值介于 0 和 1，能够识别高值集聚和低值集聚，取值接近 1 表示高值集聚，接近 0 表示低值集聚。该指数还被用于处理回归分析中的空间滤值问题，有效解决了空间自相关。该指数具体如下：

$$G(d) = \frac{\sum_{i=1}^{n}\sum_{j=1}^{n}w_{ij}x_i x_j}{\sum_{i=1}^{n}\sum_{j=1}^{n}x_i x_j}, j \neq i \qquad (2.13)$$

G 指数的检验统计量如下：

$$Z(G(d)) = \frac{G(d)-E(G(d))}{\sqrt{VAR(G(d))}} \sim N(0,1) \qquad (2.14)$$

式中，$E(G(d)) = \dfrac{\sum_{i=1}^{n}\sum_{j=1}^{n}w_{ij}}{n(n-1)}, j \neq i,$

$VAR(G(d)) =$

$$\frac{B_0\left(\sum_{i=1}^{n} x_i^2\right)^2 + B_1 \sum_{i=1}^{n} x_i^4 + B_2\left(\sum_{i=1}^{n} x_i^2\right)^2 + B_3 \sum_{i=1}^{n} x_i \sum_{i=1}^{n} x_i^3 + B_4\left(\sum_{i=1}^{n} x_i\right)^4}{\left[\left(\sum_{i=1}^{n} x_i\right)^2 - \sum_{i=1}^{n} x_i^2\right]^2 n(n-1)(n-2)(n-3)} - \{E[G(d)]\}^2 ,$$

$$B_0 = (n^2 - 3n + 3)\left[\frac{1}{2}\sum_{i=1}^{n}\sum_{j=1}^{n}(w_{ij}+w_{ji})^2\right] - n\sum_{i=1}^{n}\left(\sum_{j=1}^{n}(w_{ij}+w_{ji})\right)^2 + 3\left(\sum_{i=1}^{n}\sum_{j=1,j\neq i}^{n}w_{ij}\right)^2,$$

$$B_1 = -\left[\frac{1}{2}(n^2-n)\sum_{i=1}^{n}\sum_{j=1}^{n}(w_{ij}+w_{ji})^2 - 2n\sum_{i=1}^{n}\left(\sum_{j=1}^{n}(w_{ij}+w_{ji})\right)^2 + 6\left(\sum_{i=1}^{n}\sum_{j=1,j\neq i}^{n}w_{ij}\right)^2\right],$$

$$B_2 = -\left[n\sum_{i=1}^{n}\sum_{j=1}^{n}(w_{ij}+w_{ji})^2 - (n+3)\sum_{i=1}^{n}\left(\sum_{j=1}^{n}(w_{ij}+w_{ji})\right)^2 + 6\left(\sum_{i=1}^{n}\sum_{j=1,j\neq i}^{n}w_{ij}\right)^2\right],$$

$$B_3 = 2(n-1)\sum_{i=1}^{n}\sum_{j=1}^{n}(w_{ij}+w_{ji})^2 - 2(n+1)\sum_{i=1}^{n}\left(\sum_{j=1}^{n}(w_{ij}+w_{ji})\right)^2 + 8\left(\sum_{i=1}^{n}\sum_{j=1,j\neq i}^{n}w_{ij}\right)^2,$$

$$B_4 = \frac{1}{2}\sum_{i=1}^{n}\sum_{j=1}^{n}(w_{ij}+w_{ji})^2 - \sum_{i=1}^{n}\left(\sum_{j=1}^{n}(w_{ij}+w_{ji})\right)^2 + 8\left(\sum_{i=1}^{n}\sum_{j=1,j\neq i}^{n}w_{ij}\right)^2 \text{。}$$

(二) 局域空间自相关分析

如果一部分地区观测值存在正的空间自相关,另一部分地区存在负的空间自相关,则采用全域 Moran's I 计算时二者会抵消,从而显示不存在空间自相关关系。此外,不相邻的地区间由于要素的流动关系,也可能存在空间效应。为弥补全域 Moran's I 指数的这种局限性,须采用局域空间自相关进一步分析。

1. 局域 Moran's I

$$I_i = \frac{(x_i - \bar{x})}{\sum_{i=1}^{n}(x_i - \bar{x})^2}\sum_{j=1}^{n}(x_j - \bar{x}) \qquad (2.15)$$

相应地,Z 统计量为:

$$Z_{I_i} = \frac{I_i - E(I_i)}{\sqrt{VAR(I_i)}} \qquad (2.16)$$

式中，$E(I_i) = \dfrac{\sum_{j=1}^{n} w_{ij}}{n-1}$，

$$VAR(I_i) = w_i \frac{n-b_2}{n-1} + \frac{2w_{i(kh)}(2b_2 - n)}{(n-1)(n-2)} - \frac{w_i^2}{(n-1)^2},$$

$b_2 = \dfrac{m_1}{m_2^2}$，$m_1 = \sum_{i=1}^{n} \dfrac{x_i^4}{n}$，$m_2 = \sum_{i=1}^{n} \dfrac{x_i^2}{n}$，$w_i = \sum_{i=1}^{n} w_{ij}^2$，

$w_{i(kh)} = \dfrac{1}{2} \sum_{h=i}^{n} \sum_{k=i}^{n} w_{ik} w_{ih}$，$i$、$k$、$h$ 为区域的标记。

局域空间自相关分析可以通过散点图来直观表示。将变量与其空间滞后向量之间的关系以散点图的形式加以描述可以构成 Moran's I 散点图。散点图划分为Ⅰ、Ⅱ、Ⅲ、Ⅳ共四个象限，对应不同的空间分布类型，分别是 H-H、L-H、L-L、H-L。其中，H-H 和 L-L 具有正的空间自相关，区域具有相同的集聚特性；H-L 和 L-H 表示具有负的空间自相关，区域具有异质性。通过 Geoda 软件可以做出 LISA 聚类图和散点图。具体见图 3-3 和图 3-4。

2. 局域 Geary's C

局域 Geary's C 指数的计算公式如下：

$$C_i(d) = \sum_{j \neq i}^{n} w_{ij}(z_i - z_j)^2 \qquad (2.17)$$

式中，$z_i = x_i - \bar{x}$，$z_j = x_j - \bar{x}$。

相应地，检验统计量为：

$$Z_{C_i(d)} = \frac{C_i(d) - E(C_i(d))}{\sqrt{VAR(C_i(d))}} \qquad (2.18)$$

式中，$E(C_i(d)) = \dfrac{n\sum\limits_{j=1}^{n} w_{ij} \cdot \sum\limits_{j=1}^{n}(z_i - z_j)^2}{(n-1)^2}$，

$VAR(C_i(d)) =$

$$\frac{\left[(n-1)\sum\limits_{i=1}^{n} w_{ij}^2 - \left(n\sum\limits_{i=1}^{n} w_{ij}\right)^2\right]\left[(n-1)\sum\limits_{i=1}^{n}(z_i - z_j)^4 - \left(\sum\limits_{i=1}^{n}(z_i - z_j)^2\right)^2\right]}{(n-1)^2(n-2)}。$$

3. 局域 Getis-Ord's G

局域 Getis-Ord's G 指数及统计量介绍如下：

$$G_i^*(d) = \frac{\sum\limits_{j=1}^{n} w_{ij} x_j}{\sum\limits_{j=1}^{n} x_j} \qquad (2.19)$$

为避免与 Getis 和 Ord（1992）引入的 G 指数即式（2.13）混淆，这里采用 $G_i^*(d)$ 表示 Getis-Ord's G 指数。

局域 Getis-Ord's G 指数的检验统计量如下：

$$Z(G_i^*(d)) = \frac{G_i^*(d) - E(G_i^*(d))_{as}}{\sqrt{VAR(G_i^*(d))}} \sim N(0,1) \qquad (2.20)$$

式中，$E(G_i^*(d)) = \bar{x}\sum\limits_{j=1}^{n} w_{ij}$，

$$VAR(G_i^*(d)) = \frac{\sum\limits_{i=1}^{n}(x_i - \bar{x})^2}{n(n-1)}\left[n\left(\sum\limits_{j=1}^{n} w_{ij}^2\right) - \left(\sum\limits_{j=1}^{n} w_{ij}\right)^2\right]。$$

(三) 空间异质性

空间效应的另一个组成部分是空间异质性，又叫作空间差

异性。所谓空间异质性是指变量关系在空间上的不稳定性,或者说变量关系在空间维度上的变化。空间异质性可以看作一种特殊情形的异方差,因此可以将其量化为变量、参数与残差在空间上的变化(吴玉明,2013)。

由于空间异质性与空间相关性的区分具有一定难度,其估计和检验也具有一定的挑战性。常见的空间异质性主要有结构不稳定性和异方差性两种,相应的检验方法分别为空间 Chow 检验和空间 BP 检验。根据空间单元的特性,适当改变空间计量模型的结构(如空间变系数模型、空间结构变化模型等)可以较好地处理空间异质性。

二 普通面板数据模型

相比横截面数据模型和时间序列数据模型,面板数据(Panel Data)模型处理的样本容量大,能够极大地利用数据信息,可以通过增加自由度降低多重共线性,减少估计误差;同时,面板数据模型同时考察了横截面的个体差异与时间序列的动态性,得出的估计结果更加贴近实际;另外,面板数据还能够有效解决遗漏变量偏差的问题。由于面板数据中包含横截面数据,为了分析个体可能存在的特殊效应,对随机误差项 μ_{it} 做如下设定:

$$\mu_{it} = \alpha_i + \varepsilon_{it} \quad (2.21)$$

式中,α_i 表示个体的特殊效应,用来表征个体之间的差异。

若假定 α_i 是固定的常数,则模型为固定效应模型(Fixed Effect Model);若假定 α_i 是随机的,则为随机效应模型

(Random Effect Model)。两种效应的处理如下。

（一）固定效应模型

为使估计参数具有一致性，必须消掉 μ_{it}，为此做如下变换：

$$y_{it}^* = y_{it} - \frac{1}{T}\sum_{t=1}^{T} y_{it}, \quad x_{it}^* = x_{it} - \frac{1}{T}\sum_{t=1}^{T} x_{it} \quad (2.22)$$

从而，经典的面板数据模型 $y_{it} = x_{it}\beta + \mu_i + \varepsilon_{it}$ 可以转化为：

$$y_{it}^* = x_{it}^*\beta + \left(\varepsilon_{it} - \frac{1}{T}\sum_{t=1}^{T}\varepsilon_{it}\right) \quad (2.23)$$

然后根据 ML 估计可以求得 ML 估计量。相应的似然函数为：

$$\log L = -\frac{NT}{2}\log(2\pi\sigma^2) - \frac{1}{\sigma^2}\sum_{i=1}^{N}\sum_{t=1}^{T}(y_{it}^* - x_{it}^*\beta)^2 \quad (2.24)$$

同时，还可以获得参数的渐进方差矩阵：

$$Asy.VAR(\beta, \sigma^2) = \begin{pmatrix} \frac{1}{\sigma^2}X^{*'}X^* & 0 \\ 0 & \frac{NT}{2\sigma^4} \end{pmatrix} \quad (2.25)$$

（二）随机效应模型

对随机效应而言，由于 μ_i 与解释变量不相关，基于 OLS 估计方法虽然可以获得参数的一致性估计，但是这种估计却不是有效的估计。为此，Breusch（1987）提出通过迭代方法获得其 ML 估计。对原始变量变换如下：

$$y_{it}^* = y_{it} - (1-\theta)\frac{1}{T}\sum_{t=1}^{T}y_{it}, \quad x_{it}^* = x_{it} - (1-\theta)\frac{1}{T}\sum_{t=1}^{T}x_{it}$$

$$(2.26)$$

式中，θ 表示与横截面数据部分有关的权重，且 $0 \leqslant \theta^2 = \dfrac{\sigma^2}{T\sigma_\mu^2 + \sigma^2} \leqslant 1$。

估计的 ML 对数似然函数为：

$$\log L = -\frac{NT}{2}\log\left(\sum_{i=1}^{N}\sum_{i=1}^{T}\left\{y_{it} - (1-\theta)\frac{1}{T}\sum_{i=1}^{T}y_{it} - \left[x_{it} - (1-\theta)\frac{1}{T}\sum_{i=1}^{T}x_{it}\right]\beta\right\}^2\right) + \frac{N}{2}\log\theta^2 \quad (2.27)$$

参数的渐进方差矩阵为：

$$Asy.VAR(\beta,\theta,\sigma^2) = \begin{pmatrix} \dfrac{1}{\sigma^2}X^{*'}X^* & 0 & 0 \\ 0 & N(1+\dfrac{1}{\theta^2}) & -\dfrac{N}{\sigma^2} \\ 0 & -\dfrac{N}{\sigma^2} & \dfrac{NT}{2\sigma^4} \end{pmatrix} \quad (2.28)$$

（三）模型选择（Hausman 检验）

在进行面板数据估计时，根据 Hausman 检验来选择采用固定效应模型还是随机效应模型。Hausman 检验方法如下。

原假设 H_0：随机效应与解释变量不相关（选择随机效应模型）。

备择假设 H_1：随机效应与解释变量相关（选择固定效应模型）。

相应的 Hausman 检验统计量为：

$$H = (\hat{\beta}_F - \hat{\beta}_R)'[\hat{\sigma}_R^2(X^{*'}X^*)^{-1} - \hat{\sigma}_F^2(X^{*'}X^*)^{-1}]^{-1}(\hat{\beta}_F - \hat{\beta}_R) \quad (2.29)$$

注意到，H 渐进服从自由度为 k 的 χ^2 分布，即 $H \sim \chi^2(k)$。

在普通面板数据模型中引入空间效应后便得到了空间面板数据模型。具体而言，在普通面板数据模型中引入空间滞后因变量和空间误差自相关项，便得到空间计量经济学中常用的两种模型，即空间滞后模型和空间误差模型。

三 空间滞后模型

纳入空间效应后，构建的空间滞后模型（Spatial Lag Model，SLM）如下：

$$Y_{i,t} = \mu_i + \sum_{k=1}^{m} \beta_k X_{k_{i,t}} + \delta \sum_{j=1}^{N} w_{ij} Y_{i,t} + \lambda_i + \varepsilon_{i,t}$$

$$\varepsilon_{it} \sim i.i.d(0, \delta^2) \quad (2.30)$$

式中，$Y_{i,t}$ 为被解释变量，X_k 表示解释变量，β_k 为待估参数，ε 为随机误差项，δ 表示空间自回归系数，反映了空间滞后面板模型中空间因素对被解释变量的影响程度，μ_i 表示空间固定效应，λ_t 表示时间固定效应，w_{ij} 表示空间权重矩阵的元素，空间权重矩阵是一个 N 行 N 列的对称矩阵，其主对角线元素全部为 0。

四 空间误差模型

空间误差模型（Spatial Error Model，SEM）如下：

$$Y_{i,t} = \sum_k \beta_k \ln X_{k_{i,t}} + \mu_i + \lambda_i + \varphi_{i,t}$$

$$\varphi_{it} = \rho \sum_{j=1}^{n} W_{ij} \varphi_{it} + \varepsilon_{it}$$

$$\varepsilon_{it} \sim i.i.d(0, \delta^2) \quad (2.31)$$

式中，$Y_{i,t}$ 为被解释变量，X_k 表示解释变量，β_k 为待估参数，ε 为随机误差项，φ_{it} 表示空间自相关误差项，ρ 表示误差项的空间自相关系数，反映了空间误差模型中空间因素对被解释变量的影响程度。

五 空间权重矩阵的选择

空间权重矩阵是空间计量经济学有别于传统计量经济学的重要特征之一，其构建与选择也是空间计量经济学的重要内容。定义空间权重矩阵首先还要刻画空间区位，然后对区位进行量化。这种量化一般基于"距离"而定，一种是经济距离，一种空间距离。下面介绍常用的几种空间权重矩阵。

（一）二进制空间邻接矩阵

二进制空间邻接矩阵是形式最简单、应用最普遍的空间权重矩阵。这种矩阵的构建遵循空间单元相邻赋值为 1、不相邻赋值为 0 的原则，其表达形式如下：

$$w_{ij} = \begin{cases} 1, & i\ 与\ j\ 相接 \\ 0, & i\ 与\ j\ 不相接 \end{cases} \quad (2.32)$$

如上所示，由于二进制空间邻接矩阵包含较多的零元素，这种稀疏矩阵有利于矩阵的存储与运算，能够极大地提高运算的效率。

二进制空间邻接矩阵分为一阶邻接权重矩阵和高阶邻接权重矩阵。根据邻接方式的不同，又分为 Rook 邻近、Queen 邻近和 Bishop 邻近（Anselin，2003）。

(二) 空间距离权重矩阵

相近距离的观测点之间比距离较远的观测点之间具有更强的空间依赖性，有效定义空间距离能够准确反映空间数据的空间效应。空间距离的设定方法有有限距离和负指数距离等。

Pace (1997) 提出的有限距离测度矩阵如下：

$$w_{ij}=\begin{cases}1, & d_{ij} \leq d_{\max i} \\ 0, & d_{ij} > d_{\max i}\end{cases} \quad (2.33)$$

式中，d_{ij} 表示区域 i 与区域 j 之间的欧氏距离；$d_{\max i}$ 表示最大的欧式距离。

Anselin (1998) 提出的负指数距离矩阵如下：

$$w_{ij} = \exp(-\beta d_{ij}) \quad (2.34)$$

式中，d_{ij} 表示区域 i 与区域 j 之间的欧氏距离，β 为预设参数。

(三) 经济距离权重矩阵

二进制空间邻接权重矩阵与空间距离权重矩阵均是依据空间单元之间的"邻接"思想构建。根据空间单元之间经济社会之间的相互影响，依据不同的经济变量定义"距离"，可以将空间距离权重矩阵进行拓展。

经济距离权重矩阵的表达形式如下 (李立, 2015)：

$$w_{ij}=\begin{cases}\dfrac{1}{|z_i-z_j|}, & i \neq j \\ 0, & i=j\end{cases} \quad (2.35)$$

式中，z_i 与 z_j 分别表示区域 i 与区域 j 的经济变量（如人均 GDP 等）。

（四）K-最邻近距离空间权重矩阵

Anselin（2003）提出了一种基于 K-值算法的空间权重矩阵，称为 K-最邻近距离空间权重矩阵（K-Nearest Neighbor Spatial Weights）。这种权重矩阵能够避免由于门槛距离设定造成"距离"测度不均衡的缺陷。通过设定空间单元邻近的数量，可以构造不同的 K-最邻近距离空间权重矩阵。通常设定 K 为 4。

通过上面分析可以发现，基于研究实际问题的不同，可以生成不同类型的外生空间权重矩阵。因此，空间权重矩阵的选择也是空间计量经济学一个研究内容。目前较为流行的是采用蒙特卡洛方法进行 AIC 赤池信息准则和 LM 检验。

六　空间面板计量模型的估计

通过前面的介绍，由于地理空间中空间效应的存在，传统的 OLS 估计方法对空间面板计量模型将不再适用。首先，如果直接采用 OLS 方法对参数进行估计，得到的估计量不满足无偏性；其次，根据 Anselin（1988）的结论，要使得到的估计量满足一致性，必须使参数为 0，这意味着根据当前定义的空间邻接关系，样本之间不存在空间相关性，导致空间计量模型失去意义。而极大似然估计放松了高斯—马尔科夫经典假设的条件，为上述问题的解决提供了一个可行的路径。因此，采用极大似然估计法对空间面板数据计量模型进行估计。

（一）固定效应的空间滞后模型

固定效应的空间滞后模型的对数似然函数为：

$$\log L = -\frac{NT}{2}\log(2\pi\sigma^2) + T\log|I_N - \delta W| - \frac{1}{2\sigma^2}\sum_{i=1}^{N}\sum_{t=1}^{T}\left[y_{it}^* - \delta\left(\sum_{j=1}^{N}w_{ij}y_{jt}\right)^* - x_{it}^*\beta\right]^2 \quad (2.36)$$

式中，$\log L$ 为对数似然函数，N 为区域个数，T 为时间跨度，x_{it}^* 与 y_{it}^* 分别为原始变量的变换量，W 为空间权重矩阵，β、δ、σ^2 分别为相应的估计量。

通过极值求解可以得到相应的参数估计值 β、δ 与 σ^2，参数的渐进方差估计矩阵如下：

$$Asy.VAR(\beta,\delta,\sigma^2)$$

$$= \begin{pmatrix} \frac{1}{\sigma^2}X^{*\prime}X^* & 0 & 0 \\ \frac{1}{\sigma^2}X^{*\prime}(I_T \otimes \widetilde{W})X^*\beta & T \cdot tr(\widetilde{W}\widetilde{W} + \widetilde{W}^\prime \widetilde{W}) + \frac{1}{\sigma^2}\beta^\prime X^{*\prime}(I_T \otimes \widetilde{W}^\prime \widetilde{W})X^*\beta & 0 \\ 0 & \frac{T}{\sigma^2}tr(\widetilde{W}) & \frac{NT}{2\sigma^4} \end{pmatrix}$$

$$(2.37)$$

式中，$\widetilde{W} = W(I_N - \delta W)^{-1}$。

（二）随机效应的空间滞后模型

随机效应的空间滞后模型的对数似然函数为：

$$\log L = -\frac{NT}{2}\log(2\pi\sigma^2) + \frac{1}{2}\sum_{i=1}^{N}\log[1 + T\theta^2(1 - \delta w_i)^2] +$$

$$T\sum_{i=1}^{N}\log(1-\delta w_i) - \frac{1}{2\sigma^2}e(\theta)'e(\theta) \qquad (2.38)$$

式中,各参数的代表意义同式 (2.36)。

通过极值求解可以得到相应的参数估计值 β 和 δ,而 θ 则通过下式求得:

$$\log L = -\frac{NT}{2}\log[e(\theta)'e(\theta)] + \frac{N}{2}\log\theta^2 \qquad (2.39)$$

$$e(\theta)_{it} = y_{it} - (1-\theta)\frac{1}{T}\sum_{t=1}^{T}y_{it} - \delta\left[\sum_{j=1}^{N}w_{ij}y_{jt} - \right.$$

$$\left.(1-\theta)\frac{1}{T}\sum_{t=1}^{T}w_{ij}y_{jt}\right] - \left[x_{it} - (1-\theta)\frac{1}{T}\sum_{t=1}^{T}x_{it}\right]\beta \qquad (2.40)$$

参数的渐进方差估计矩阵如下:

$Asy.VAR(\beta,\delta,\theta,\sigma^2)$

$$=\begin{pmatrix} \frac{1}{\sigma^2}X^{*'}X^* & 0 & 0 & 0 \\ \frac{1}{\sigma^2}X^{*'}(I_T \otimes \widetilde{W})X^*\beta & T\cdot tr(\widetilde{W}\widetilde{W}+\widetilde{W}'\widetilde{W}) + \frac{1}{\sigma^2}\beta'X^{*'}(I_T \otimes \widetilde{W})X^*\beta & 0 & 0 \\ 0 & -\frac{1}{\sigma^2}tr(\widetilde{W}) & N\left(T+\frac{1}{\theta^2}\right) & 0 \\ 0 & \frac{T}{\sigma^2}tr(\widetilde{W}) & -\frac{N}{\sigma^2} & \frac{NT}{2\sigma^4} \end{pmatrix}$$

$$(2.41)$$

(三) 固定效应的空间误差模型

固定效应的空间误差模型的对数似然函数为 (Anselin, 1992):

$$\log L = -\frac{NT}{2}\log(2\pi\sigma^2) + T\log|I_N - \delta W| -$$
$$\frac{1}{2\sigma^2}\sum_{i=1}^{N}\sum_{t=1}^{T}\left\{y_{it}^* - \rho\left(\sum_{j=1}^{N}w_{ij}y_{jt}\right)^* - \left[x_{it}^* - \rho\sum_{j=1}^{N}w_{ij}y_{jt}\right]\beta\right\}^2 \quad (2.42)$$

相应的参数估计值为：

$$\beta = \left\{[X^* - \rho(I_T \otimes W)X^*]'[X^* - \rho(I_T \otimes W)X^*]\right\}^{-1} \times$$
$$\left\{[X^* - \rho(I_T \otimes W)X^*]'[X^* - \rho(I_T \otimes W)X^*]\right\} \quad (2.43)$$

式中，$\sigma^2 = \dfrac{e(\rho)'e(\rho)}{NT}$，$e(\rho) = Y^* - \rho(I_T \otimes W)Y^* - [X^* - \rho(I_T \otimes W)X^*]\beta$。

根据下面函数的极值可以求得 ρ：

$$\log L = -\frac{NT}{2}\log[e(\rho)'e(\rho)] + T\log|I_N - \rho W| \quad (2.44)$$

参数的渐进方差估计矩阵如下：

$$Asy.VAR(\beta, \rho, \sigma^2) = \begin{pmatrix} \dfrac{1}{\sigma^2}X^{*'}X^* & 0 & 0 \\ 0 & T \cdot tr(\tilde{\tilde{W}}\tilde{\tilde{W}} + \tilde{\tilde{W}}'\tilde{\tilde{W}}) & 0 \\ 0 & \dfrac{T}{\sigma^2}tr(\tilde{\tilde{W}}) & \dfrac{NT}{2\sigma^4} \end{pmatrix}$$
$$(2.45)$$

式中，$\tilde{\tilde{W}} = W(I_N - \rho W)^{-1}$。

（四）随机效应的空间误差模型

随机效应的空间误差模型的对数似然函数为：

$$\log L = -\frac{NT}{2}\log(2\pi\sigma^2) + \frac{1}{2}\log|V| -$$

$$(T-1)\sum_{i=1}^{N}\log|B| - \frac{1}{2\sigma^2}e'\left(\frac{1}{T}\tau_T\tau'_T \otimes V^{-1}\right)e -$$
$$\frac{1}{2\sigma^2}e'\left(I_T - \frac{1}{T}\tau_T\tau'_T\right) \otimes (B'B)e \quad (2.46)$$

式中，$V=T\varphi I_N+(B'B)^{-1}$，$\varphi=\frac{\sigma_\mu^2}{\sigma^2}$，$B=I_N-\rho W$，$e=Y-X\beta$。

参数的渐进方差估计矩阵如下：

$Asy.VAR(\beta,\rho,\sigma_\mu^2,\sigma^2)$

$$= \begin{pmatrix} \frac{1}{\sigma^2}X^{0\prime}X^0 & 0 & 0 & 0 \\ 0 & \frac{T}{2}tr(\Gamma)^2+\frac{1}{2}tr(\Sigma\Gamma)^2 & 0 & 0 \\ 0 & \frac{T}{2\sigma^2}tr(\Sigma\Gamma V^{-1}) & \frac{T}{2\sigma^2}tr(V^{-1})^2 & 0 \\ 0 & \frac{T-1}{2\sigma^2}tr(\Gamma)+\frac{1}{2\sigma^2}tr(\Sigma\Gamma\Sigma) & \frac{T}{2\sigma^4}tr(\Sigma V^{-1}) & \frac{1}{2\sigma^4}[(T-1)N+tr(\Sigma)^2] \end{pmatrix}$$
$$(2.47)$$

式中，$\Gamma=(W'B+B'W)(B'B)^{-1}$，$\Sigma=V^{-1}(B'B)^{-1}$，$x_{it}^0 = x_{it} - \rho\sum_{j=1}^{N}w_{ij}x_{it} + \sum_{j=1}^{N}\left\{[p_{ij}-(1-\rho w_{ij})]\frac{1}{T}\sum_{t=1}^{T}x_{jt}\right\}$，$P=(p_{ij})_{N\times N}$，$P$ 是 V^{-1} 的谱分解，$P'P=V^{-1}$。

七 空间计量模型的选择

采用空间计量模型进行实证分析之前，必须先对变量之间是否存在空间效应进行检验。空间效应的检验除了前面讨论的 Moran's I 指数，还有 Wald 检验（Anselin，1988）、LR 检验

(Anselin, 1988)、LM 检验 (Anselin, 1988)、稳健的 LM 检验 (Anselin and Florax, 1995; Anselin, 1996) 等。其中, Moran's I 指数只能检验空间效应是否存在, 但不能确定空间效应是空间滞后还是空间误差。Anselin (1988) 通过构造 LM 检验, 在空间计量模型中引入极大似然估计。LM 检验分为 LM-err 和 LM-lag 两种类型, 在 LM-err 和 LM-lag 都没有通过显著性检验的情况下, 需要进行二者稳健形式的检验, 即 Robust LM-error 和 Robust LM-lag 检验。

LM 检验及 Robust LM 统计量的检验公式如下:

$$LM_{lag} = \frac{[e'(I_T \otimes W) y \hat{\sigma}^{-2}]^2}{J} \quad (2.48)$$

$$LM_{err} = \frac{[e'(I_T \otimes W) e \hat{\sigma}^{-2}]^2}{TT_W} \quad (2.49)$$

$$Robust-LM_{lag} = \frac{[e'(I_T \otimes W) y \hat{\sigma}^{-2} - e'(I_T \otimes W) e \hat{\sigma}^{-2}]^2}{J - TT_W} \quad (2.50)$$

$$Robust-LM_{err} = \frac{[e'(I_T \otimes W) e \hat{\sigma}^{-2} - (TT_W/J) e'(I_T \otimes W) y \hat{\sigma}^{-2}]^2}{TT_W (1 - TT'_W/J)^{-1}} \quad (2.51)$$

式中, $\otimes$ 为克罗内克积, e 为没有空间效应时模型回归的残差向量, $J = \frac{1}{\hat{\sigma}^2} \{[(I_T \otimes W) X \hat{\beta}]' [I_{NT} - X(X'X)^{-1}X'] (I_T \otimes W) X \hat{\beta} + TT_W \hat{\sigma}^2\}$, $T_W = tr(WW + W'W)$。

当模型误差服从正态独立同分布时, LM 检验统计量与稳健的 LM 检验统计量均服从自由度为 1 的卡方分布。

为便于厘清模型的检验路径, 在 Anselin (1999) 提出的空间回归决策流程基础上制定下述模型选择方式, 见图 2-6。

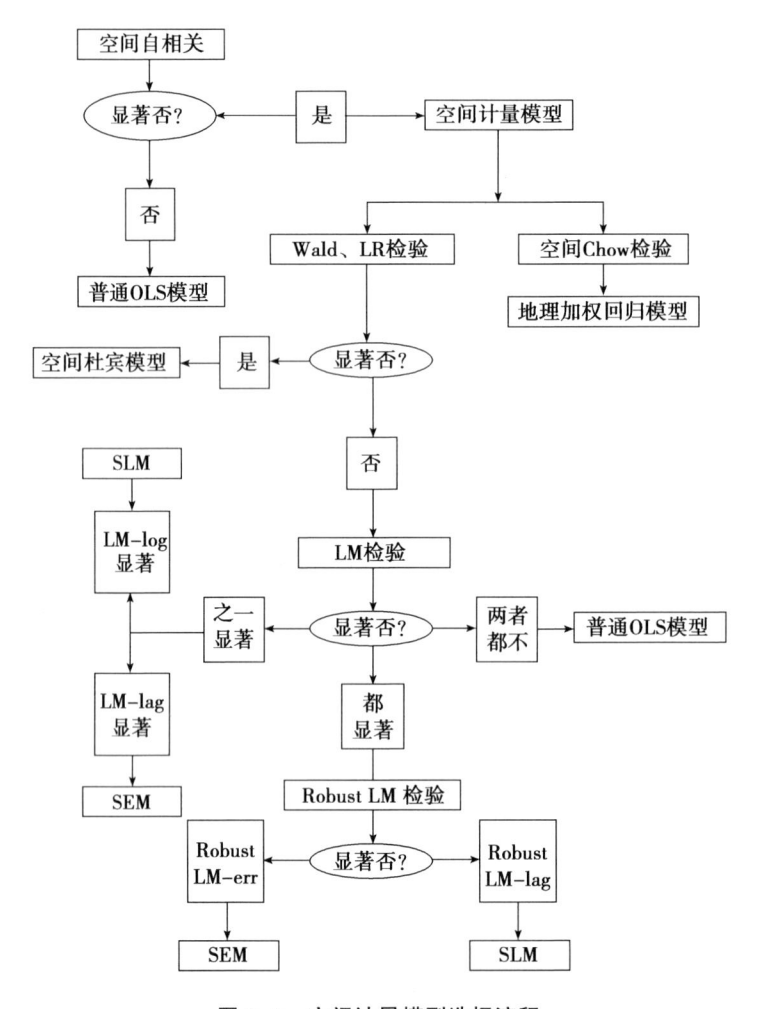

图 2-6 空间计量模型选择流程

第四节 本章小结

本章从概念界定、理论基础、方法介绍三个方面对城市土地集约利用的相关内容进行了总结。首先，明确了本书中城市土地的范畴，对城市土地集约利用的内涵进行了阐述与总结，并结合研究目标与对象阐明了城市土地集约利用的内涵。其次，总结了城市土地集约利用的土地经济学理论、空间经济学理论以及可持续发展理论。这些理论主要包括土地报酬递减理论、地租地价理论、区位理论以及土地可持续利用理论。上述理论为本书的后续开展奠定了重要基础。最后，介绍了空间计量经济学的相关方法。这部分内容主要包括探索性空间数据分析方法、面板数据分析方法、空间效应检验方法、空间权重矩阵构造方法以及常用的两种空间面板数据计量经济模型的估计方法。

第三章

中国城市土地集约利用水平测度

城市土地利用是区域经济、社会、人口、资源、资本等要素组成的一个复杂有机统一体。合理、科学利用城市土地资源，有利于形成节约资源与保护环境的国土开发格局。通过城市土地集约利用水平测度，对中国区域土地利用进行定量考察，能够有效识别中国城市土地利用的空间分异特征和变化趋势，为优化国土利用空间和土地利用结构提供依据。本章通过构建城市土地集约利用水平测度指标体系，引入纵横向拉开档次法动态综合评价模型，对中国30个省份2004—2015年的城市土地集约利用水平进行定量测度，并分析中国城市土地集约利用的时空分布和变化趋势。

第一节 中国城市土地集约利用水平评价

土地资源的节约集约利用问题，已经引起政府管理部门和社会各界的高度重视。中国政府将"全面促进资源节约"作为生态文明建设的主要任务之一。对中国城市土地集约利用水平进行宏观评价，有助于深刻认识城市土地集约利用的影响因素、结构和功能，并将城市土地集约利用水平提升到关系经济社会发展全局的战略高度。在当前城市建设用地总体收紧的制度安排下，对现有城市土地集约利用水平进行科学评价，既有利于新增城市建设用地的后期利用方式设计与存量用地的高效化，又有利于城市土地的多用途复合结构开发，并为城市空间的"紧凑发展"与"精明增长"探索一条中国特色的城市土地集约利用道路。

本书所谓城市土地集约利用水平，是指城市土地单位面积上的投资和使用总体状况。具体来说，在经济有效性、社会可接受性和生态合理性三方面同时达到城市土地集约利用规划指标的要求，使有限的城市土地持续满足城市或城市群的发展要求，达到人们日益增长的物质文化生活的需求，实现城市土地供求的持续平衡。

分析中国城市土地利用的扩张机制发现，中国城市土地集约利用水平评价的实质，是以提高一定城市群内的次级城市的土地集约利用水平为核心，定量研究现在城市土地集约利用水平总体情况，找出造成城市土地粗放利用的深层原因和根本障碍，从而优化出一条城市土地集约利用的新途径。

分析已有文献和理论后发现，影响中国城市土地集约利用的五个因素排序是：人地关系、城市规模、城市化水平、经济发展水平、产业结构。

城市土地集约利用评价主要是从用地布局、用地结构以及用地生态等方面，基于一定的技术方法，采用合适的指标体系，对特定时期特定地区的城市土地利用情况进行定量测度，以考察被评价对象的土地利用是否达到了最佳的经济效益、社会效益和生态效益。基于此，国土资源部制定了《城市土地集约利用潜力评价技术规程》《开发区土地集约利用评价规程》，对各地区城市土地集约利用评价的开展提供了参考。随后，各地区也相继出台了一系列土地管理文件，成立了相应的研究机构，极大促进了城市土地集约利用评价的有序进行。例如，由国土资源部人力资源中心（创建活动办公室）联合部咨询研究中心、浙江大学土地与国家发展研究院共同建立的城乡建设用地节约集约利用实验室，浙江省的"365"节约集约用地行动计划，山东省的《山东省建设用地集约利用控制标准》，江苏省制定的《江苏省全面推进节约集约用地工作方案》等。由于现行土地管理法及其配套法规主要是对增量用地进行规范管理，而存量用地的管理与评价主要是依靠相关部门下发的规范性文件，致使存量用地的管理相对松散。为此，2016年4月，浙江省出台全国首个土地节约集约利用方面的政府规章——《浙江省土地节约集约利用办法》。针对存量用地，规章从政府盘活、企业盘活、协议置换、低效用地再开发、村庄改造、土地整治、低丘缓坡开发、宅基地退出等不同方式、不同途径，对"盘活"做了具体要求。

对上述案例的分析发现，虽然许多部门的研究结果证明城市土地利用具有规模经济和集聚经济效应，但由于城市土地报酬递减规律起作用，政府和企业过度地投入和过度地利用，也将造成边际效益递减趋势，以高投入换取高产出的土地利用方式是不可持续的，因此与城市土地的集约利用不相符合。

总之，城市土地集约利用的实践成果为新时期的土地管理创新提供了有益借鉴，但仍缺少具体评价实践中的评价技术与方法。为从技术层面上进一步把握全国城市土地集约利用状况，有必要对近年来中国城市土地集约利用水平进行定量测度，以期为制定城市土地集约利用的后期措施提供经验证据。

第二节 评价方法

一 现有方法存在的问题

城市土地集约利用测度属于多维度测度，即将多种土地投入产出评价指标整合为一个综合指标。现有方法主要有因子分析法、主成分分析法以及模糊隶属度函数法等。但这些方法对于不同的测度指标和测度尺度，其适用性也各不相同。因子分析法对基础数据的精确性要求较高，不适合进行土地宏观数据的处理（张江雪，2005）；主成分分析法在成分选择上易受研究人员和指标内容的影响而产生纰漏，导致结果失真（李政大等，2014）；模糊隶属度函数法同样无法甄别某些低精度样本，因而产生低效或者失真问题，其计算结果不适合进行计量经济分析。

为弥补上述方法的不足，本书引入纵横向拉开档次法。该方法在指标赋权上既避免了主观影响又能体现样本差异，适合多样性、复杂性、动态性的综合评价（郭亚军，2007）。

二 纵横向拉开档次法基本原理

城市土地集约利用是一个随时间不断变化的动态过程，城市土地集约利用的测度既要横向体现各评价区域某一截面时刻的土地利用集约状态，又要纵向描述城市土地利用不同时刻的变化趋势。纵横向拉开档次法是一种基于时序立体数据表综合计算权重的评价方法，既在"横向"上体现了不同时刻所有评价区域的土地集约状况，又在"纵向"上体现了各个区域在不同时间的集约状况，通过综合考虑"横向"和"纵向"土地集约的差异最大化来最大可能地体现出各被评价对象之间的差异。

将不同区域各个时间的土地集约评价指标数据按表3-1的格式排列，称为时序立体数据表，其中，$t_i(i=1,2,\cdots,N)$表示时间，$S_i(i=1,2,\cdots,n)$表示城市，$x_i(i=1,2,\cdots,m)$表示评价指标。

表3-1　　　　　　　　　时序立体数据

地区	t_1	t_2	⋯	t_N
	$x_1,x_2,\cdots,x_m$	$x_1,x_2,\cdots,x_m$	⋯	$x_1,x_2,\cdots,x_m$
S_1	$x_{11}(t_1),x_{12}(t_1),\cdots,x_{1m}(t_1)$	$x_{11}(t_2),x_{12}(t_2),\cdots,x_{1m}(t_2)$	⋯	$x_{11}(t_N),x_{12}(t_N),\cdots,x_{1m}(t_N)$
S_2	$x_{21}(t_1),x_{22}(t_1),\cdots,x_{2m}(t_1)$	$x_{21}(t_2),x_{22}(t_2),\cdots,x_{2m}(t_2)$	⋯	$x_{21}(t_N),x_{22}(t_N),\cdots,x_{2m}(t_N)$
⋯	⋯	⋯	⋯	⋯
S_n	$x_{n1}(t_1),x_{n2}(t_1),\cdots,x_{nm}(t_1)$	$x_{n1}(t_2),x_{n2}(t_2),\cdots,x_{nm}(t_2)$	⋯	$x_{n1}(t_N),x_{n2}(t_N),\cdots,x_{nm}(t_N)$

由表3-1支持的动态综合评价函数为：

$$y_i(t_k) = \sum_{j=1}^{m} w_j x_{ij}(t_k), k=1,2,\cdots,N, i=1,2,\cdots,n \quad (3.1)$$

式中，$y_i(t_k)$ 为城市 S_i 在时刻 t_k 处的综合评价值，w_j 为权重系数。

各评价对象在时序立体数据表上的整体差异用 $y_i(t_k)$ 的总离差平方和可表示为：

$$\sigma^2 = \sum_{k=1}^{N} \sum_{i=1}^{n} (y_i(t_k) - \bar{y})^2 \qquad (3.2)$$

对原始数据进行标准化处理后，$\bar{y}=0$，于是，

$$\sigma^2 = \sum_{k=1}^{N} \sum_{i=1}^{n} (y_i(t_k))^2 = \sum_{k=1}^{N} w^T H_k w = w^T \sum_{k=1}^{N} H_k w = w^T H w$$

$$(3.3)$$

式中，$w = (w_1, w_2, \cdots, w_m)^T$，$H = \sum_{k=1}^{N} H_k$，$H_k = A_k^T A_k$，且 $A_k =$

$$\begin{pmatrix} x_{11}(t_k) & x_{12}(t_k) & \cdots & x_{1m}(t_k) \\ x_{21}(t_k) & x_{22}(t_k) & \cdots & x_{2m}(t_k) \\ \vdots & \vdots & & \vdots \\ x_{n1}(t_k) & x_{n2}(t_k) & \cdots & x_{nm}(t_k) \end{pmatrix}, k = 1, 2, \cdots, N_\circ$$

若限定 $w^T w = 1$，当 w 取 H 的最大特征值对应的（标准）特征向量时，σ^2 取最大值，且有 $\max_{\|w\|} w^T H w = \lambda_{\max}(H)$。当 H_k 的元素大于 0 时，必有 H 的元素大于 0，且有正的权重系数向量。因此，$\lambda_{\max}(H)$ 所对应的归一化的特征向量即为所求的权重向量 $w_\circ$

三 城市土地集约利用水平综合测度模型

设有 n 个评价区域 $S_1, S_2, \cdots, S_n$，m 个评价指标 $x_1, x_2, \cdots, x_m$，样本时间段为 $t_1, t_2, \cdots, t_N$，$x_{ij}(t_k)$ 表示第 i 个评价区域第 j

个评价指标在第 k 年的数据。构建的城市土地集约利用水平综合测度模型具体如下。

（一）构建初始评价矩阵

$$A_k = \begin{pmatrix} x_{11}(t_k) & x_{12}(t_k) & \cdots & x_{1m}(t_k) \\ x_{21}(t_k) & x_{22}(t_k) & \cdots & x_{2m}(t_k) \\ \vdots & \vdots & & \vdots \\ x_{n1}(t_k) & x_{n2}(t_k) & \cdots & x_{nm}(t_k) \end{pmatrix} \tag{3.4}$$

（二）指标一致化与无量纲化处理

指标按类型可以分为极大型、极小型和居中型。在综合评价时，需要将指标通过适当变换，转换成极大型。

对于极小型指标 x，可令 $x'=M-x$ 或者 $x'=1/x$，其中 M 为 x 的一个上界。陈军才（2005）指出，取负数不能用作逆向变换，将会导致综合评价结果不合理（陈军才，2005）。

对于居中型指标，若无适度值时，可令

$$x' = \begin{cases} \dfrac{2(x-m)}{M-x}, & x \in \left[m, \dfrac{M+m}{2}\right] \\ \dfrac{2(M-x)}{M-m}, & x \in \left[\dfrac{M+m}{2}, M\right] \end{cases} \tag{3.5}$$

若有适度值 k，则令 $x'=\dfrac{1}{|x-k|+a}$，其中 a 为常数。

目前关于无量纲化的处理方法有很多种，且没有统一的识别标准，应用较多的主要有标准化方法、模糊隶属度方法、均值化方法、极值化方法等。有学者指出，当综合评价的指标值是客观数值时，为较好地保持原始数据整体的一致性和关联系数的一致性，应采用均值化处理方法对原始数据进行无量纲化（叶宗裕，2003）；而当综合评价的指标值是主观数值时，则用标准化处理方法对原始数据进行无量纲化更合适（张卫华和赵铭军，2005）。但是与纵横向拉开档次法结合使用时，均值化处理后的数据容易导致各评价单元每期评价值之和相同，不利于全国层面的测度；而标准化方法则容易产生评价值为负的情况，使评价单元的测度值不直观。极值化方法处理后的测度值位于0和1之间，既不产生负数，又最大限度地保留了原始数据之间的关系，在研究中国各省区土地集约利用水平时最为直观。鉴于此，本书采用极值化方法来处理，原始数据极值化后的矩阵如下：

$$A'_k = \begin{pmatrix} x'_{11}(t_k) & x'_{12}(t_k) & \cdots & x'_{1m}(t_k) \\ x'_{21}(t_k) & x'_{22}(t_k) & \cdots & x'_{2m}(t_k) \\ \vdots & \vdots & & \vdots \\ x'_{n1}(t_k) & x'_{n2}(t_k) & \cdots & x'_{nm}(t_k) \end{pmatrix} \quad (3.6)$$

（三）纵横向拉开档次法计算权重

根据本节中纵横向拉开档次的步骤计算各指标的权重 w_j。

（四）计算集约利用水平综合测度值

$$y_i(t_k) = \sum_{j=1}^{m} w_j x'_{ij}(t_k) \quad (3.7)$$

式中，$y_i(t_k)$ 为第 i 个评价城市第 k 年的土地集约利用水平测度值，m 为指标总数。

第三节 评价指标体系构建

一 已有评价指标分析

表 3-2　　　　　　　城市土地集约利用评价指标汇总

指标分类	指标（单位）	指标含义
土地投入强度	地均固定资产投资（万元/平方千米）	固定资产投资额/建成区面积
	地均财政支出（万元/平方千米）	年度财政支出/建成区面积
	地均劳动力投入（人/平方千米）	第二、第三产业从业人员/建成区面积
	地均科研投入（万元/平方千米）	R&D 投入/建成区面积
土地利用强度	人均建设用地面积（平方千米/人）	城市建设用地面积/城市人口数
	人均城市道路面积（平方千米/人）	城市道路面积/城市人口数
	人口密度（人/平方千米）	城市人口数/城市面积
	建设用地综合容积率（%）	城市建筑总面积/城市建设用地面积
土地利用效率	地均生产总值（万元/平方千米）	生产总值/建成区面积
	地均财政收入（万元/平方千米）	年度财政收入/建成区面积
	地均社会消费品零售额（万元/平方千米）	年度社会消费品零售额/建成区面积
土地利用生态效益	森林覆盖率（%）	森林面积/土地面积
	建成区绿化覆盖率（%）	绿化覆盖面积/建成区面积
	人均公共绿地面积（平方米/人）	城市公共绿地面积/城市非农业人口
	工业污染源治理达标率（%）	实际治理数量/应治理和控制数量
土地利用结构和布局	交通运输用地比重（%）	交通用地面积/城市面积
	土地闲置率（%）	闲置面积/建设用地面积
土地集约利用发展趋势	生产总值用地弹性（%）	生产总值增长速度/土地增加速度
	人口用地弹性（%）	人口增长速度/土地增加速度

目前城市土地集约利用评价指标体系的构建角度主要有四种。①基于相关政策文件和评价规程选定评价指标，如《开发区土地集约利用评价规程》《城市用地分类与规划建设用地标准GBJ 137-90》等；②从土地利用的经济效益、社会效益、生态环境效益的角度构建指标体系；③从土地投入强度、土地利用强度、土地利用效率以及土地可持续利用的角度选定评价指标；④基于"压力—状态—响应"模型构建指标体系。鉴于城市土地的集约利用是一个动态变化概念，在城市化进程的不同阶段分别对应不同的土地集约利用内涵，城市土地的集约利用评价难以遵循统一的标准。因此，评价标准的选取要么参照已有标准中的适宜性规定，要么根据评价区域的实际情况而定。表3-2给出了现有文献中城市土地集约利用的相关评价指标。

二 评价指标遴选与分析

根据上述关于城市土地集约利用评价指标的研究成果，结合城市土地集约利用的新内涵和指标构建的科学性，同时兼顾统计数据的完整性等情况，从新型城镇化规划中优化城镇布局的目标出发，从反映城市土地利用投入产出能力、城市人地关系协调性、城市用地空间关联性三方面构建指标体系。

城市土地利用的投入产出要能够反映城市土地系统所承载的物质生产活动，主要表现为人力、资本、土地投入和地区生产总值、工业增加值和产品总价值等产出。结合已有研究，选取地均第二、第三产业从业人员数，地均固定资产投资，地均财政预算收入，地均生产总值，地均社会消费品零售总额作为投入产出表征量；城市人地关系的协调性要能够反映区域土地集约利用的程度，主要表现为人与城市土地系统进行物质交换的和谐性，可以用人均建设用地面积、人均绿地面积、建成区绿化覆盖率来表征；城市用地空间的关联性要能够反映区域内部土地利用的空间结构，主要指城市内部一体化的发展程度和城市的用地空间紧凑度。基于数据的可获取性，选取人均铺装道路面积、城市人口密度等指标来表征。

综上所述，基于上述分析，本书构建的城市土地集约利用水平测度指标体系及相关数据的统计性描述见表3-3。

表3-3　2004—2015年中国城市土地集约利用测度指标的统计描述

指标	单位	最大值	最小值	中值	均值	标准差
人均建设用地面积	平方千米/人	1.2840	0.0880	0.2820	0.3370	0.2151
地均生产总值	万元/平方千米	23.596020	1.869675	8.478101	9.086806	3.983900
地均财政预算收入	万元/平方千米	45910.59	1457.06	7464.03	9052.91	6483.50
地均社会消费品零售总额	万元/平方千米	9.315	0.583	2.969	3.164	1.533
地均固定资产投资	万元/平方千米	17.768	0.855	4.856	5.688	3.420
地均第二、第三产业从业人员数	人/平方千米	11.941	0.435	1.187	1.573	1.473
人均铺装道路面积	平方米/人	25.77	4.04	11.62	11.92	3.91
人均绿地面积	平方米/人	18.800	3.100	9.400	9.700	2.962
建成区绿化覆盖率	%	49.100	18.100	36.300	35.300	5.587
城市人口密度	人/平方千米	6307.0	186.0	2232.0	2452.0	1385.7

资料来源：根据统计年鉴整理计算而得。

为此，侧重考察区域内部土地资源的配置状况，而非土地利用导致的生态破坏，因此没有将经济发展过程中非期望产出（如工业"三废"的排放、CO_2排放以及其他环境污染）纳入城市土地集约利用的评价指标体系。另外，根据城市土地集约利用的内涵，土地集约利用的目的实际上是通过生产要素之间的相互替代获取高额的产出。显然这种产出并不包括非期望产出。为探讨非期望产出对城市土地利用的影响及二者间的关系，在后续研究中将对城市土地集约利用与区域生态协调发展的水平进行测度。

三 研究样本与数据来源

根据数据的科学性，选取除西藏外的30个省级行政区（香港、澳门和台湾由于制度方面的差异不在分析范围之内）作为研究样本。由于2013年开始，行业分类执行《国民经济行业分类》（GB/T 4754-2011），三次产业划分根据《三次产业划分规定》（2012），导致部分省份2013—2015年第二次产业从业人员数和第三次产业从业人员数缺失，这部分数据通过国家统计局、《中国统计年鉴》公布的行业数据加总获得。各省区市的数据资料中，人均铺装道路面积、城市人口密度指标数据来自《中国城市统计年鉴》（2005—2016），除部分省份来自各省统计年鉴和各地区国民经济和社会发展统计公报外，其他数据均来自《中国统计年鉴》（2005—2016）。鉴于建成区是城市功能的主体部分，本书选取建成区面积作为城市土地面积的表征量。研究样本期为2004—2015年，共12年。

为剔除物价因素的影响，样本城市生产总值、固定资产投资等数据通过相应价格指数折算为 2000 年为基期的不变价。

第四节 测度结果及分析

根据城市土地集约利用水平动态综合评价模型，对样本区域 2004—2015 年的城市土地集约利用水平进行测度，并对中国东、中、西部以及东北地区进行纵向与横向的客观比较，分析城市土地集约利用的动态变化。测度过程如下。

根据本章第二节城市土地集约利用水平综合测度模型的计算步骤以及式（3.1）—式（3.3），可得：

$$H=\begin{pmatrix} 85.263 & 62.758 & 27.905 & 67.900 & 79.548 & 70.395 & 68.960 & 58.106 & 72.137 & 60.913 \\ 62.758 & 77.093 & 41.533 & 81.988 & 81.064 & 66.108 & 69.603 & 61.109 & 80.840 & 54.395 \\ 27.905 & 41.533 & 28.140 & 43.888 & 39.318 & 31.373 & 30.711 & 29.251 & 41.272 & 26.818 \\ 67.900 & 81.988 & 43.888 & 90.395 & 85.587 & 71.705 & 75.359 & 67.895 & 90.376 & 58.416 \\ 79.548 & 81.064 & 39.318 & 85.587 & 103.208 & 75.906 & 81.593 & 69.651 & 87.377 & 62.944 \\ 70.395 & 66.108 & 31.373 & 71.705 & 75.906 & 80.111 & 62.947 & 53.674 & 72.270 & 54.238 \\ 68.960 & 69.603 & 30.711 & 75.359 & 81.593 & 62.947 & 97.848 & 80.326 & 89.970 & 56.645 \\ 58.106 & 61.109 & 29.251 & 67.895 & 69.651 & 53.674 & 80.326 & 81.092 & 85.520 & 47.017 \\ 72.137 & 80.840 & 41.272 & 90.376 & 87.377 & 72.270 & 89.970 & 85.520 & 112.111 & 63.566 \\ 60.913 & 54.395 & 26.818 & 58.416 & 62.944 & 54.238 & 56.645 & 47.017 & 63.566 & 71.270 \end{pmatrix}$$

(3.8)

这样可求得 H 的最大特征值对应的特征向量，归一化处理后，可得 $\omega = (0.100, 0.104, 0.052, 0.113, 0.118, 0.098, 0.110, 0.098, 0.123, 0.085)^T$，$\omega$ 是城市土地集约利用各测度指标的

权重。

将采用式（3.6）极值化处理后的数据和上面求得的权重代入式（3.7），可得2004—2015年城市土地集约利用水平，综合测度结果见表3-4。

表3-4　　　　2004—2015年城市土地集约利用水平测度值

年份	2004	2005	2006	2007	2008	2009	2010	2011	2012	2013	2014	2015
北京	0.532	0.550	0.520	0.519	0.610	0.628	0.635	0.641	0.696	0.640	0.614	0.627
天津	0.416	0.449	0.477	0.483	0.564	0.550	0.519	0.623	0.634	0.631	0.613	0.596
河北	0.317	0.431	0.434	0.434	0.537	0.395	0.375	0.434	0.453	0.447	0.454	0.437
山西	0.228	0.276	0.341	0.386	0.389	0.414	0.404	0.439	0.456	0.454	0.480	0.466
内蒙古	0.222	0.281	0.266	0.354	0.374	0.386	0.378	0.389	0.417	0.422	0.463	0.493
辽宁	0.252	0.321	0.310	0.337	0.362	0.365	0.335	0.344	0.356	0.359	0.372	0.335
吉林	0.219	0.212	0.221	0.247	0.270	0.264	0.251	0.273	0.275	0.292	0.283	0.310
黑龙江	0.188	0.191	0.138	0.208	0.202	0.244	0.252	0.292	0.307	0.314	0.320	0.298
上海	0.610	0.757	0.567	0.678	0.540	0.571	0.585	0.625	0.644	0.628	0.644	0.620
江苏	0.431	0.555	0.606	0.596	0.638	0.607	0.556	0.553	0.550	0.534	0.520	0.507
浙江	0.438	0.603	0.593	0.543	0.544	0.515	0.559	0.489	0.516	0.522	0.503	0.497
安徽	0.293	0.301	0.307	0.375	0.472	0.441	0.437	0.450	0.499	0.485	0.473	0.510
福建	0.464	0.586	0.635	0.562	0.606	0.599	0.563	0.545	0.597	0.599	0.605	0.584
江西	0.387	0.421	0.455	0.449	0.516	0.501	0.470	0.431	0.505	0.507	0.439	0.475
山东	0.416	0.485	0.494	0.603	0.566	0.552	0.560	0.534	0.550	0.543	0.522	0.509
河南	0.373	0.451	0.424	0.501	0.424	0.512	0.516	0.515	0.545	0.534	0.536	0.552
湖北	0.288	0.307	0.327	0.416	0.464	0.402	0.395	0.396	0.422	0.428	0.427	0.418
湖南	0.325	0.381	0.439	0.451	0.509	0.488	0.484	0.490	0.539	0.535	0.552	0.575
广东	0.429	0.479	0.512	0.516	0.526	0.511	0.527	0.510	0.517	0.527	0.518	0.511
广西	0.275	0.315	0.356	0.406	0.430	0.400	0.429	0.437	0.479	0.448	0.407	0.440
海南	0.299	0.485	0.391	0.426	0.381	0.383	0.401	0.434	0.478	0.448	0.384	0.438
重庆	0.235	0.288	0.294	0.307	0.414	0.444	0.436	0.456	0.451	0.483	0.439	0.415
四川	0.281	0.349	0.393	0.466	0.378	0.411	0.383	0.391	0.409	0.505	0.459	0.455
贵州	0.204	0.340	0.378	0.324	0.448	0.432	0.383	0.435	0.421	0.414	0.397	0.427

续表

年份	2004	2005	2006	2007	2008	2009	2010	2011	2012	2013	2014	2015
云南	0.265	0.381	0.411	0.439	0.490	0.482	0.484	0.475	0.516	0.524	0.490	0.400
陕西	0.353	0.362	0.434	0.405	0.321	0.299	0.373	0.412	0.404	0.427	0.425	0.422
甘肃	0.255	0.289	0.312	0.280	0.249	0.253	0.262	0.263	0.281	0.308	0.310	0.331
青海	0.285	0.297	0.314	0.353	0.389	0.380	0.387	0.417	0.500	0.427	0.387	0.421
宁夏	0.187	0.110	0.100	0.277	0.258	0.248	0.278	0.293	0.263	0.252	0.298	0.278
新疆	0.214	0.276	0.256	0.298	0.315	0.266	0.267	0.272	0.276	0.279	0.300	0.288
全国	0.323	0.384	0.390	0.421	0.440	0.431	0.429	0.442	0.465	0.464	0.454	0.454
东部	0.435	0.538	0.523	0.536	0.551	0.531	0.528	0.539	0.564	0.552	0.538	0.533
中部	0.316	0.356	0.382	0.430	0.462	0.460	0.451	0.453	0.494	0.491	0.484	0.499
西部	0.249	0.291	0.308	0.342	0.354	0.351	0.358	0.377	0.392	0.398	0.385	0.380
东北	0.219	0.241	0.223	0.264	0.278	0.291	0.279	0.303	0.313	0.322	0.325	0.314

资料来源：基于 Matlab（2009b），根据式（3.7）获得。

一 动态排序分析

为分析 2004—2015 年各省份城市土地集约利用水平的时序变化，依据最大序差的概念，给出各省份样本期内土地集约利用综合评价的排序状况（见表 3-5）。

最大序差较小的省份，样本期内的城市土地集约利用水平较稳定；最大序差较大的省份，土地集约利用水平变化较大。结合各省份的排序及最大序差值，可以将 30 个省区市分为稳定型（最大序差≤5）、波动型（5<最大序差≤10）和跳跃型（最大序差>10）。其中稳定型有北京、吉林、黑龙江、福建、广东、宁夏和新疆；波动型有天津、辽宁、上海、江苏、浙江、江西、山东、湖北、湖南、广西、甘肃、青海；跳跃型有河北、山西、内蒙古、安徽、江西、河南、海南、重庆、四川、贵州和云南。

由表3-5可以看出,东部地区的北京、天津、上海、江苏、浙江、福建和广东的城市土地集约利用水平一直位于全国前列;中部地区的安徽、河南、湖南、江西、河北、山西属于中等水平区域,但其城市土地集约利用水平均高于全国平均值;西部地区以及东北三省则属于低水平区域,其城市土地集约利用水平均低于全国平均值。

表3-5 2004—2015年各省份综合评价的排序及最大序差

地区	2004	2005	2006	2007	2008	2009	2010	2011	2012	2013	2014	2015	最大序差
北京	2	5	5	6	2	1	1	1	1	1	2	1	5
天津	7	10	8	9	5	6	8	3	3	2	3	3	8
河北	13	11	12	14	8	20	23	18	18	19	16	18	15
山西	24	27	19	19	19	16	16	14	17	16	12	14	15
内蒙古	25	25	26	21	23	21	22	24	22	23	14	12	14
辽宁	22	18	23	23	24	24	25	25	25	25	25	25	7
吉林	26	28	28	29	27	27	30	28	29	28	30	27	4
黑龙江	29	29	29	30	30	30	29	27	26	26	26	28	4
上海	1	1	4	1	7	4	2	2	2	3	1	2	6
江苏	5	4	2	3	1	2	6	4	5	7	8	10	9
浙江	4	2	3	5	6	7	5	10	10	11	10	11	9
安徽	15	21	24	20	13	14	13	13	14	14	13	8	16
福建	3	3	1	4	3	3	3	5	4	4	4	4	4
江西	9	12	9	12	10	10	12	19	12	12	17	13	10
山东	8	6	7	2	4	5	4	6	6	5	7	9	7
河南	10	9	13	8	17	8	9	7	7	8	6	6	11
湖北	16	20	20	16	14	18	18	22	20	20	19	22	8
湖南	12	14	10	11	11	11	11	9	8	6	5	5	9
广东	6	8	6	7	9	9	7	8	9	9	9	7	3

续表

地区	2004	2005	2006	2007	2008	2009	2010	2011	2012	2013	2014	2015	最大序差
广西	19	19	18	17	16	19	15	15	15	17	21	16	6
海南	14	7	16	15	21	22	17	17	16	18	24	17	17
重庆	23	24	25	25	18	13	14	12	19	15	18	23	13
四川	18	16	15	10	22	17	20	23	23	13	15	15	13
贵州	28	17	17	24	15	15	21	16	21	24	22	19	13
云南	20	13	14	13	12	12	10	11	11	10	11	24	14
陕西	11	15	11	18	25	25	24	21	24	21	20	20	14
甘肃	21	23	22	27	29	28	28	30	27	27	27	26	9
青海	17	22	21	22	20	23	19	20	13	22	23	21	10
宁夏	30	30	30	28	28	29	26	26	30	30	29	30	4
新疆	27	26	27	26	26	26	27	29	28	29	28	29	3

资料来源：根据表3-4整理获得。

二 空间分布特征

由表3-4看出，中国各省份城市土地集约利用水平区域差异明显，呈现出东部最高、中部次之、西部第三、东北最低的变化格局。城市土地集约利用在一定程度上反映了城市经济发展与城市规模之间的依存关系，所以各个地区之间的土地集约利用水平势必与本地区的经济发展水平、资本投入水平以及人力资本水平等因素密切相关。东部地区样本期内的平均水平达到0.531，高于全国的0.425；中部地区在改善土地集约利用方面效果明显，2007年以后中部地区的土地集约利用平均水平超过全国平均水平，与东部地区的差距逐渐变小。例如，湖南、河南两省2009年以后的城市土地集约利用水平一度超过东部地区的浙江省；西部地区城市土地集约利用水平普遍较低，以四川、云南和重庆最高；东北地区的土地集约利用状况最差，测度水平最低的黑龙江12年间的平均水平仅为0.246，不到东部平均水平的50%。这在一定程度上说明这些地区在城市土地利用投入要素上仍有很大的投入空间。

中国东部、中部、西部以及东北四大区域在经济、资源、环境、科技等方面的差距显著，城市土地集约利用水平呈现显著的空间集聚特征。基于SPSS19.0软件，对2004—2015年各省份城市土地集约利用水平的年平均值进行K-均值聚类分析，将30个省份分为高度集约、较高集约、中度集约和较低集约四类，结果见表3-6。从聚类结果可以看出，中国城市土地集约利用水平空间分布具有明显的地域特征。北京、上海、江苏、福建4省份属于高度集约类型；天津、浙江、江西、山东、河南、湖南、广东7省份属于较高集约类型；河北、山西、内蒙古、辽宁、安徽、湖北、广西、海南、重庆、四川、贵州、云南、陕西、青海14省份属于中度集约类型；吉林、黑龙江、甘肃、宁夏、新疆5省份属于较低集约类型，其土地集约利用状况有待改善。总体上，除河南、湖南外，高度集约类型区域主要分布在东部沿海地区；除海南外，中度集约类型区域主要分布在中西部地区；较低集约类型则主要分布在东北和西部地区。

表3-6　　城市土地集约利用水平年平均值的聚类分析

集约类型	地区
高度集约	北京、上海、江苏、福建
较高集约	天津、浙江、江西、山东、河南、湖南、广东
中度集约	河北、山西、内蒙古、辽宁、安徽、湖北、广西、海南、重庆、四川、贵州、云南、陕西、青海

续表

集约类型	地区
较低集约	吉林、黑龙江、甘肃、宁夏、新疆

为充分反映不同时期全国城市土地集约利用的空间分布及其变动情况,通过 Geoda 软件对历年城市土地集约利用水平值进行分析可以得出,东部地区的北京、天津、山东、上海、福建、广东一直位于第四层级,城市土地利用始终保持了高集约状态;海南一直位于第三层级,辽宁一直位于第四层级,黑龙江、新疆一直位于第四层级。这也说明,东部地区始终是城市土地集约利用高值区,而中西部地区则是城市土地集约利用低值区。

就具体地区而言,其城市土地集约利用变动规律也具有新的特征,东部地区的江苏、浙江两省城市土地集约利用水平的空间分布由高集约状态的第四层级下降为第三层级,说明在土地资源需求更大的东部发达地区,更应该注重城市土地挖潜与高效利用。在中部地区,江西由第四层级下降为第三层级,河北由第三层级下降为第二层级,表明在承接产业转移及城市化进程的推进,中部地区的土地扩张特征明显。西部地区的贵州由第一层级上升为第二层级,广西则由第二层级上升为第三层级,说明随着经济发展水平的提高,这些地区的城市土地集约利用状态逐步改善。

三 时序演变特征

为定量分析城市土地集约利用水平的时间规律特征及其显

著性，采用 Spearman 秩相关系数作进一步分析。Spearman 秩相关系数法的计算如下：

$$R_n = 1 - 6\sum_{i=1}^{n}(x_i - y_i)^2 / (N^3 - N) \qquad (3.9)$$

式中，R_n 表示某地区的秩相关系数；x_i 表示在样本期 1 到样本期 N 某地区土地集约利用水平从小到大排列的顺序号；y_i 表示按样本期排列的某地区土地集约利用水平在同期从小到大排列的顺序号；N 为样本数，本书中 N 为 12。

表 3-7 给出了 2004—2015 年中国 30 个省份城市土地集约利用水平的 Spearman 秩相关系数。在 0.05 与 0.01 的显著性水平下，$N=12$ 时 Spearman 秩相关系数临界值分别为 $W=0.506$，$W=0.712$。通过显著性检验可知，北京、天津、河北、江苏、山东、黑龙江、山西、河南、湖南、内蒙古、广西、重庆、云南、四川、青海、甘肃 16 个省份的城市土地集约利用水平有显著提高；而上海、安徽的城市土地集约利用水平有所下降，但变化并不显著；其余 11 个省份的土地集约利用水平均有提高，但不显著。这说明，样本期内中国大多数省份的城市土地集约利用水平均呈上升趋势，个别省份有所下降但幅度不大。

表 3-7 2004—2015 年各地区城市土地集约利用水平的 Spearman 秩相关系数

地区	Spearman 值	P 值	地区	Spearman 值	P 值	地区	Spearman 值	P 值
北京	0.912***	0.000	辽宁	0.517*	0.085	广西	0.712***	0.009
天津	0.881***	0.000	吉林	-0.112	0.073	重庆	0.756***	0.004
河北	0.240	0.453	黑龙江	0.733***	0.007	四川	0.649*	0.022
上海	-0.774***	0.003	山西	0.885***	0.000	贵州	0.687	0.014
江苏	0.851***	0.000	安徽	-0.699***	0.001	云南	0.821***	0.001
浙江	0.544*	0.067	江西	0.131	0.685	陕西	0.413	0.182

续表

地区	Spearman 值	P 值	地区	Spearman 值	P 值	地区	Spearman 值	P 值
福建	0.377	0.227	河南	0.864***	0.000	甘肃	0.528***	0.008
山东	0.874***	0.000	湖北	0.057	0.860	青海	0.223***	0.006
广东	0.448	0.144	湖南	0.87***	0.000	宁夏	0.616***	0.003
海南	0.628*	0.052	内蒙古	0.715***	0.009	新疆	-0.011	0.973

资料来源：根据式（3.8）基于 SPSS 软件计算获得。*、**、*** 分别表示在 10%、5%、1% 的显著性水平下通过检验。

图 3-1 表明，2004—2015 年全国四大区域城市土地集约利用水平总体呈现递增趋势，12 年间全国平均水平比 2004 年增长 40%。其中，中部地区增长幅度最大，年均增速达到 4.2%；其次为西部和东北地区，中西部对东部地区的追赶效应明显。2012 年之后，东部地区城市土地集约利用水平有所下降，但变化幅度较小。与 2004 年相比，2015 年东部地区城市土地集约利用水平仅提升 1.6%。

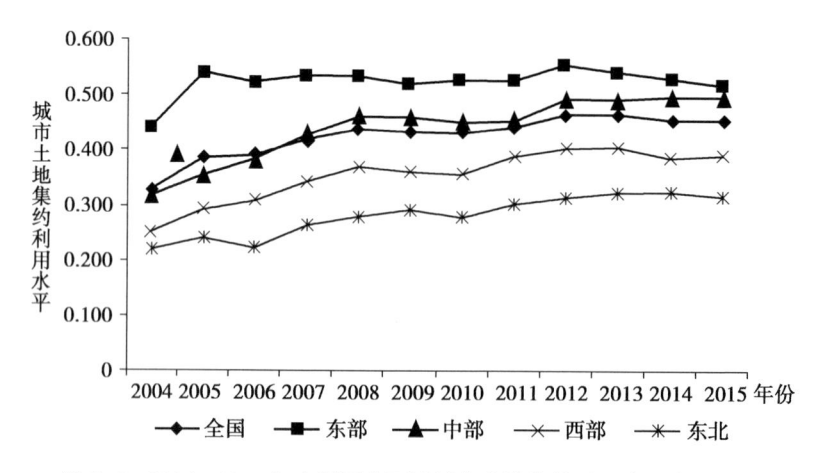

图 3-1 2004—2015 年中国四大区域城市土地集约利用水平变化趋势

第五节 空间效应分析

基于 Geoda 软件，计算 2004—2015 年中国城市土地集约利用水平的全域 Moran's I，其值均为正值，并且均在 0.01 的显著性水平下通过检验。这表明，中国城市土地集约利用水平呈现出显著的正向空间自相关性。如图 3-2 所示，2004—2009 年 Moran's I 稳步上升，表明土地集约利用的空间集聚趋势不断增强。2009—2014 年 Moran's I 则呈现下降趋势，伴随概率（P 值）稳定在 0.01 左右，说明土地集约的集聚程度有所下降但变化不显著。总体上看，城市土地集约利用水平相似的省份在空间分布上趋于集中，且空间效应显著。

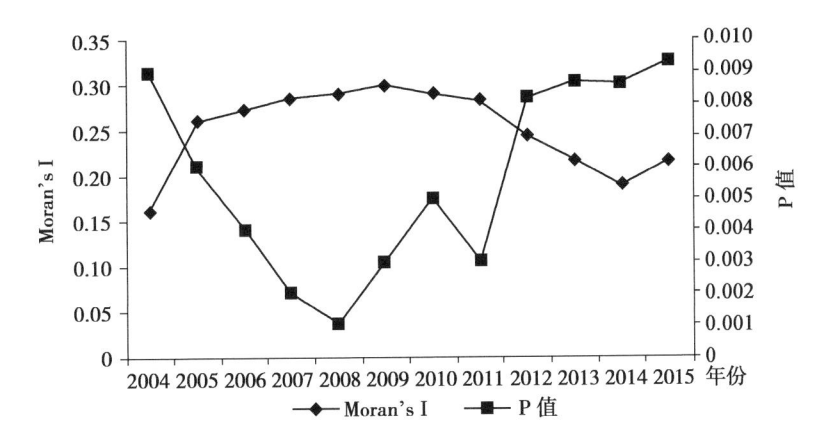

图 3-2 2004—2015 年中国土地集约利用水平全域 Moran's I 指数

需要说明的是，如果一部分省份的城市土地集约利用水平存在正的空间自相关，另一部分省份存在负的空间自相关，则采用全域 Moran's I 计算时二者会抵消，从而显示不存在空间自相关关系。此外，不相邻的地区间由于要素的流动关系，也可能存在空间效应。为弥补全域 Moran's I 这种局限性，采用局域 Moran 散点图进一步分析。

图 3-3 和图 3-4 给出了中国 2004 年、2015 年各省份城市土地集约利用水平局域散点图。图 3-3 显示，位于第 Ⅰ 象限（H-H：高集约—高空间滞后）的有北京、上海、广东、福建、浙江、江苏、山东、河北、云南、江西、河南、海南；位于第 Ⅱ 象限（L-H：低集约—高空间滞后）的有安徽、山西、内蒙古、宁夏、辽宁、天津、湖南、重庆、广西；位于第 Ⅲ 象限（L-L：低集约—低空间滞后）的有青海、新疆、黑龙江、甘肃；位于第 Ⅳ 象限（H-L：高集约—低空间滞后）的有陕西、

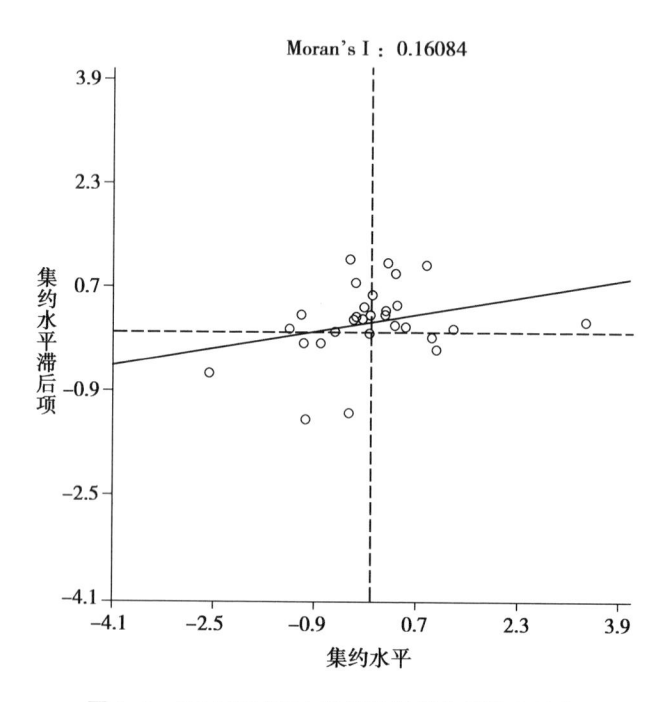

图 3-3 2004 年城市土地集约利用水平散点示意

Moran's I：0.217175

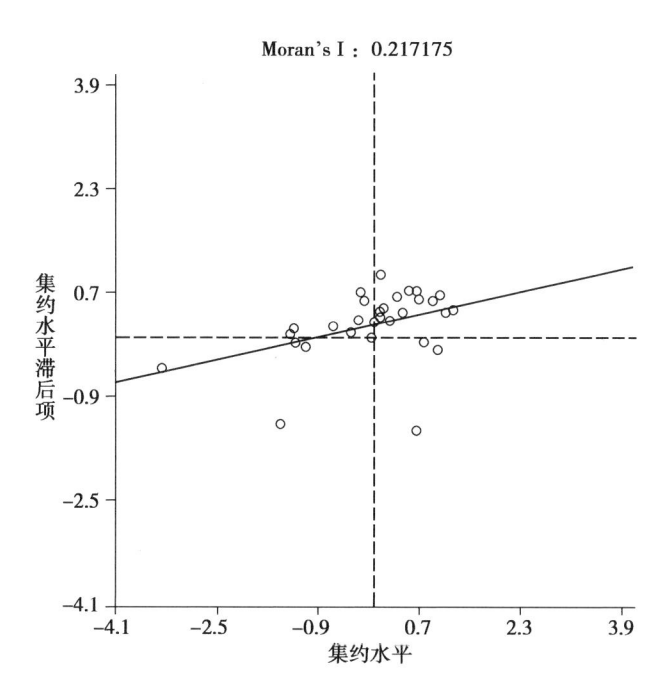

图 3-4　2015 年城市土地集约利用水平散点示意

贵州；另外，四川、湖南横跨第Ⅰ、第Ⅱ象限，湖北横跨第Ⅰ、第Ⅱ、第Ⅲ象限。总体来看，53%的省份城市土地集约利用水平显示了相似的空间关联，位于 H-H 的区域占 40%，位于 L-L 的区域占 13%，36%的省份显示具有不同的空间相关性。

由图 3-4 可以看出，2015 年中国城市土地集约利用的空间相关性发生了一定变化，但幅度不大。H-H 区域由 12 个增加到 15 个，分别是山西、安徽、湖北、湖南、福建、山东、江苏、浙江、上海、河北、江西、广东、河南、北京、四川；L-H 区域减少为 8 个，分别是宁夏、广西、内蒙古、天津、甘肃、贵州、云南、辽宁；L-L 区域减少为 3 个，分别是黑龙江、吉林、新疆；H-L 区域增加为 3 个，分别是陕西、重庆、青海。

总之，中国城市土地集约利用的空间依赖特征明显，并随着时间推移发生小幅变动，但总体表现稳定。在进一步分析城市土地集约利用水平时只有将空间效应纳入分析框架，才能避免分析结果与实际情况产生较大误差。

第六节　本章小结

本章首先从新型城镇化的布局与结构入手，选取城市土地集约利用评价指标，应用纵横向拉开档次法，对2004—2015年中国30个省级行政区以及东部、中部、西部、东北四大区域城市土地集约利用水平进行测度；然后通过横向、纵向比较分析区域间土地集约利用的差异；最后采用探索性数据分析方法对中国城市土地集约利用行为的空间效应进行检验。

（1）中国城市土地集约利用水平具有显著的区域差异。北京、天津、上海、江苏、浙江、福建、广东七省市城市土地集约利用水平一直位于全国前列，且表现稳定；黑龙江、吉林、甘肃、宁夏、新疆五个省区城市土地集约利用水平最低。分区域来看，东部是城市土地集约利用的高值聚集区，中部地区对东部地区的追赶效应明显，西部和东北地区的城市土地集约利用水平普遍偏低。

（2）中国城市土地集约利用水平具有明显的时序变化特征。2004—2015年中国城市土地集约利用水平呈现逐年递增的趋势，中部、西部、东北地区改善明显，东部地区增长平缓且在2012—2015年出现小幅下滑。样本期内，城市土地集约利用水平显著提高的省份有16个，提高但不显著的省份有12个，上海、安徽的城市土地集约利用水平下降明显。从增长幅度来看，2004—2015年全国城市土地集约利用水平增长40%，中部地区增长幅度最大。

（3）中国城市土地集约利用行为的空间效应明显，存在显著的正向空间自相关。Moran's I 显示，2004—2015年中国城市土地集约利用水平的空间关联程度呈先增强后减弱的趋势，但均显著为正。大部分地区与其相邻区域城市土地集约利用行为表现出相似的集聚特征，但这种集聚特征也呈现出一定的流动性。至于中国城市土地集约利用行为空间依赖性产生的原因是空间滞后被解释变量还是空间滞后误差项的作用，将在下一章中建立空间计量模型进一步分析。

第四章

城市土地集约利用的
影响因素分析

第三章对中国城市土地集约利用水平进行了测度，并就其时空分异特征进行分析。通过区域间的对比发现，城市土地集约利用水平在提升速度和提升质量方面并不相同。那么，是什么因素影响了土地集约利用水平的提升？其影响程度又如何？区域间空间效应的存在又能够对区域产生何种作用？这些问题的解决有助于土地集约利用水平提升措施的制定，促进城市经济、社会、生态的协调发展。本章将从土地利用的宏观层面出发，通过分析不同因素对城市土地集约利用的作用机理，采用空间计量经济学方法，对中国城市土地集约利用水平进行实证分析。

第一节 影响因素识别及影响机理分析

一 影响因素识别

目前关于城市土地集约利用影响因素的研究，基于研究尺度和土地类型的不同，其选取的影响因素也不同，主要分为规模因素、结构因素、技术因素与经济因素（见表4-1）。规模因素主要包括用地规模、城市规模、人口规模等；结构因素主要包括产业结构、用地结构、区位条件、人口密度、城市绿化等；技术因素主要包括科技实力、管理政策、技术进步等；经济因素主要包括经济发展水平、城市化水平、土地价格、市场条件和供求关系等。这些影响因素通过影响土地利用方式、土地功能与效益、土地管理方式等而影响城市土地集约利用水平的高低。

上述指标能够较好地反映当前城市化进程中的土地利用驱动因素，但大多数研究没有从城市土地利用的自身基础条件出发，结合城市土地利用系统的复杂性特点探求城市土地集约利用的影响机理，导致得出的结论产生偏差。城市土地的系统性要求必须围绕省际层面城市土地集约利用的目标，从城市土地集约利用的自然基础条件、经济社会技术条件以及土地利用的主体作用者三方面出发选取影响指标。

表 4-1　　　　　　　　城市土地集约利用影响因素汇总

作者	评价对象	指标体系
于春艳（2005）	城市土地	人口密度、城市规模、土地价格
吴郁玲（2007）	城市土地	人口、经济发展、技术进步、政府管制
韦东（2007）	城市土地	人地关系、经济发展、城市规模
杨树海（2007）	城市土地	自然地理条件、城市规模、产业结构、技术进步、经济发展水平、交通运输、土地价格、土地管理制度
王晓艳（2008）	城市土地	人地关系、经济发展、城市规模、城市化水平、产业结构
姜海等（2008）	建设用地	人口密度、产业结构、经济发展水平、非农就业率、技术效率、资本密度
王家庭等（2009）	城市土地	自然环境、社会经济、技术因素、政策制度
渠丽萍（2010）	城市土地	工业总产值、产业结构、土地制度、经济水平
杨锋等（2010）	城市土地	城市化水平、人口密度、经济水平、区位条件、技术进步、产业结构、产业集聚、政策制度、宏观调控
李妮（2011）	城镇建设用地	城镇规模、经济发展水平、区位条件
朱一中等（2011）	城市土地	经济发展水平、人口密度、用地结构、经济增长
王中亚等（2012）	资源型城市土地	城市规模、资源重要程度、产业结构、经济发展水平
车晓翠等（2014）	城市土地	城市规模、产业结构、经济发展水平
马贤磊等（2014）	城市土地	就业水平、投资水平、科技水平、绿化水平、产业结构、环境治理水平、能源消耗
林雄斌等（2015）	城市土地	城市拓展、市场作用、外部作用、科技要素、生态环境
俞振宁等（2016）	城市土地	经济发展、产业发展、人口转移、科技创新、基础设施、制度环境

注：本表内容在杨锋（2010）的基础上补充获得。

二　影响机理分析

基于城市土地集约利用是一个综合概念的角度，以下研究从城市经济发展与社会发展两个侧面来探究资源禀赋、产业结构、人力资本、城市化水平、科技实力、经济发展水平六个方面的因素对城市土地集约利用的影响及其作用机理。

(一) 资源禀赋

城市土地利用过程实际上是土地、资本等多种生产要素之间的组合过程,组合方式的不同会产生不同的集约利用水平。城市土地资源相对丰富的地区,倾向于投入过量的土地资源,以替代相对紧缺的资本、人力等要素,导致土地资源配置效率偏低,进而形成"摊大饼"式的城市扩张模式;土地资源丰度较低的地区,则主要依靠资本、人力等要素对土地的替代作用,单位土地面积的产出效益较高,从而其城市土地集约利用水平相对较高。近年来出现的通过新建开发区、城市新区等方式进行的"圈地运动",造成产业同构、土地闲置等现象频发,大大降低了城市土地效益,严重影响了城市土地集约利用水平的提升。

(二) 产业结构

产业结构通过影响资本、技术、人力等生产要素的投入来影响城市土地集约利用水平。产业结构的特征反映了生产要素的集聚程度,产业结构调整必然伴随着土地资源的配置。由于土地资源的稀缺性,土地市场通过供求关系影响土地价格,促使城市土地利用状况伴随产业结构的合理调整而趋向集约化。

从作用途径来看,产业结构主要从规模效应与空间布局两方面影响城市土地集约利用状况。由图4-1可以看出，第三产业固定资产投资额一直高于第二产业固定资产投资额，相比第三产业，第二产业单位土地面积固定资产投资相对较小，从而用地规模相对较大，基于用地成本的考虑，第二产业倾向于规模化发展。产业结构引发技术、人才向城市功能区集聚，形成城市产业带，产业规模的扩大又进一步推动城市功能向外扩展，促使外围区域土地集约利用水平提高。产业结构调整促使产业的空间布局更加优化，产业的集聚程度决定了区域土地利用的强度，产业的合理集聚化发展有利于推动城市土地的集约和高效利用。

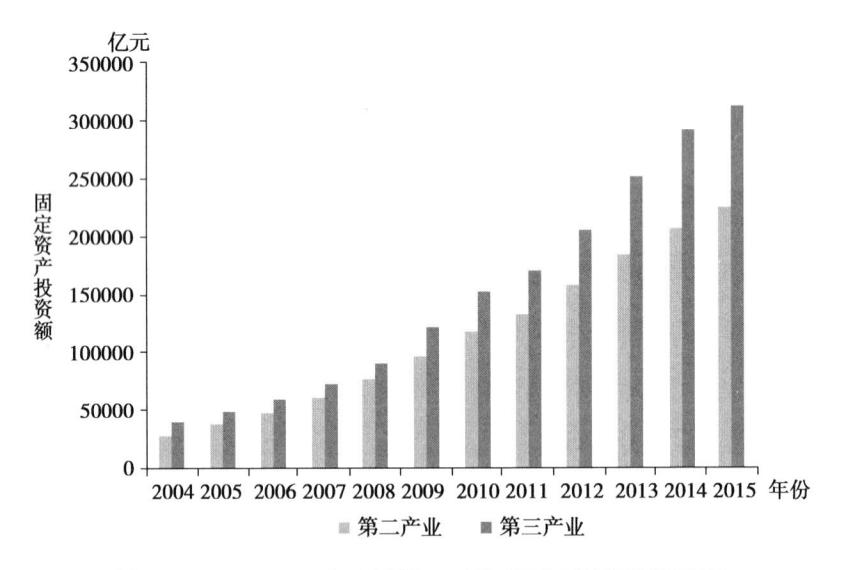

图4-1 2004—2015年中国第二、第三产业固定资产投资额

总之，产业结构布局与调整通过市场规律引发的城市土地投入产出要素的变化必将影响城市土地集约利用状况。

（三）城市化水平

城市化的显著特点是城市的人口增长与产业集聚，并通过城市的生产、生活活动影响土地利用强度与土地利用结构。城市化及其协同效应影响城市土地价格、空间结构、土地功能，其实质是人口、土地与经济"三位一体"的城市化进程。城市化发展带来的合理的城市土地利用结构，为形成健康有序的城市产业结构提供基础与保障。在城市化发展的中后期，城市扩展方式由外延式向内涵式转变，城市土地利用方式随之转向以内涵集约利用为主。

随着城市化水平的提高，农村人口向城市转移，城市规模的扩大客观上对城市用地总量提出更高的要求，城镇及工矿用地、交通用地增加，促使城市用地的数量及空间结构发生变化。由于土地市场机制趋于不断完善，在人均土地面积较小的情况下，盘活存量城市土地，提高城市容积率，加强城市土地利用规划，成为城市化进程中土地集约化利用的有效措施。另外，城市化水平提高带动科技进步与经济发展，产生技术与经济的集聚效应，从而提高土地利用效益。因此，合理的城市化进程有利于城市土地集约利用水平的提高。

（四）人力资本

人力资本对城市土地集约利用的影响主要是间接的媒介作用。依据内生增长理论，人力资本作为技术进步的关键要素之一，主要通过增强技术创新及消化吸收能力而影响城市土地不同要素的投入水平。新的生产技术、建筑技术的改进与创新，都离不开对人力资本的投资。

人力资本对土地集约利用水平的提升主要体现在三方面：①人力资本通过提高劳动者教育水平、职业技能水平以及公众节约、集约用地意识推动城市土地资源由粗放型向集约型转变；②人力资本水平的提升增强了企业改进生产技术与生产工艺的能力，提高了土地利用与管理水平，优化了要素配置水平，有利于提升城市化进程中的节地挖潜能力；③作为媒介，人力资本的提升直接推动物质资本的更新（李思慧，2011）。同时，人力资本的能动媒介作用也在一定程度上抵消了土地的规模报酬递减规律的作用。

（五）科技实力

科技实力通过技术创新与进步影响土地资源利用与土地管理水平。科技进步促使生产要素在城市土地集聚，并优化土地利用结构，是土地集约利用的根本动因，主要在内在与外在两种机制下推动城市土地利用不断趋向集约化。科技进步在空间上产生集聚效应，成为土地集约利用的内在动力。在土地资源有限的条件下，生产及生活活动中集聚效应的存在，通过土地价格上涨，产生土地资源利用中的替代效应。外在机制上，技术进步推动土地市场发育，土地利用动力机制与利益机制在土地价格、供求关系的影响下，形成城市土地集约利用的激励机制，共同推动土地资源配置达到合理水平。比如，新的建筑技术的应用有助于提高建筑密度和土地资源空间利用效率；土地管理水平的创新则可实现土地利用总体规划、城市发展规划的科学制定，实现城市土地节约、集约利用。此外，技术进步带来的生产方式与管理手段的创新，也进一步提高了城市土地的配置效率。

技术进步对城市土地集约利用的影响机理见图4-2。

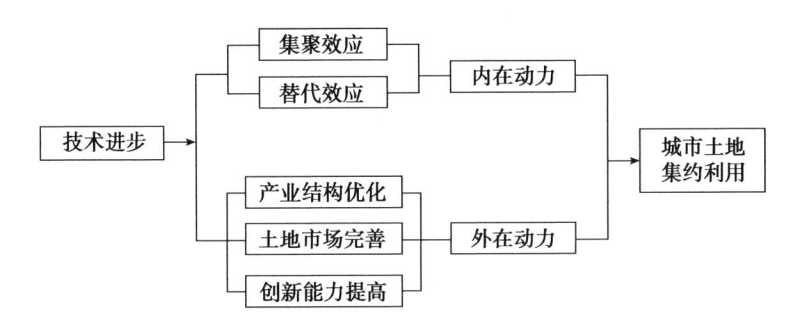

图4-2 技术进步对城市土地集约利用的动力机制

（六）经济发展水平

经济发展为城市土地集约利用提供了物质基础，经济发展到一定阶段必然会要求城市土地利用的集约化。国内外的发展实践表明，经济发展水平高的地区，城市土地集约利用水平明显高于经济发展水平低的地区。经济发展对城市土地集约利用的影响主要体现在以下两个方面。一是土地管理水平的提升。经济发展带来的先进技术手段与土地管理理念通过推动国土资源管理的创新，盘活了城市存量用地，使城市内部土地利用的空间分布、用地结构与区域功能相协调，充分发挥了土地资源的生产功能与服务功能，从而达到集约利用的目的。二是土地利用效益的提升。经济发展方式转变带来的经济结构调整对区域布局、产业结构、土地利用结构产生深刻影响。经济增长促进人口、资本、技术等生产要素集聚,通过供求关系影响土地价格,进而加大市场配置土地资源的作用,从而提高城市土地利用的产出效益。

第二节 实证分析

一 变量选择

根据上述分析结果,结合统计实际,本书从土地资源禀赋、经济发展水平、城镇化水平、产业结构、人力资本以及科技发展水平六个方面选取城市土地集约利用的影响因素指标。各指标的具体含义如下。

(一) 土地资源丰度 (X_1)

资源丰度是衡量资源禀赋的有效度量,它既适合对单种类型资源进行比较,又可以将多种类型资源进行整合评价。按照被评价资源的类型,又可分为绝对资源丰度和相对资源丰度。能源、矿产资源等集中分布类型的资源适合采用绝对丰度指标进行评价,水资源、土地资源等分散类型的资源适合采用相对丰度指标进行评价。

城市土地的开发利用受城市建成区面积及所承载的人口数量影响较大。针对中国土地利用的特有情境,在测度城市土地集约利用水平的空间效应时,引入相对丰富度可以弥补土地面积绝对总量不具有可比性的缺陷。具体计算如下：

$$D_i = x_i / \sqrt{S \times P} \tag{4.1}$$

式中，D_i 表示第 i 个地区的城市土地资源相对丰度；x_i 表示第 i 个地区的土地资源总量，在本书中以建成区面积表示；S 表示第 i 个地区的土地面积；P 表示第 i 个地区的人口总数。

（二）产业结构（X_2）

产业结构的表征变量一般用两种指标表示：①采用各产业投入要素（资本、人力等）的比重，从资源配置的角度表征产业结构状况；②采用各产业产出值（增加值等）占地区生产总值的比重，从经济活动的结果上表征产业结构状况。多数研究认为，第三产业用地的附加值高于第二产业用地，提高第三产业用地的占比，可以提高城市土地的集约利用水平（杨锋等，2010）。另外，城市土地集约利用更加侧重于土地利用的产出效益，故选取第三产业产值占地区生产总值的比重来表示产业结构水平。

（三）城市化率（X_3）

现有研究中关于城市化水平的度量主要有单一指标法和综合指标法。单一指标法多是采用人口城市化水平（城市化率）表示。该指标表征性强，准确性高，便于评价对象间的比较。综合指标法从反映城市发展的不同侧面出发，选取指标采用加权模型对城市化水平进行度量。常用的综合测度指标主要有人均社会消费品零售额、城镇人口比重、人口密度、城镇居民人均可支配收入、第三产业产值占地区生产总值的比重、人均地区生产总值等。为避免指标选取与城市土地集约利用水平的测度指标重叠，采用城市化率（城镇人口占总人口的比重）来表示城市化水平。

（四）人均受教育年限（X_4）

目前关于人力资本的衡量指标主要有三次产业从业人员数、R&D 人员数以及占比等，但这些指标并不能准确反映人力资本的质量。考虑到学校教育是生成人力资本的有效途径，借鉴潘兴侠（2013）等的做法，从人力资本累积的角度来寻找表征人力资本的指标，即采用受教育年限法来测度人力资本。该方法以 6 岁及以上人口中不同级别教育的受教育年限与各级别教育人数的比重进行加权求和作为人力资本的度量。设定各级别教育的教育年限分别为文盲 0 年、小学 6 年、初中 9 年、高中 12 年、大专及以上 16 年，各地区人均受教育年限的计算公式为：小学受教育人数比重×6+初中受教育人数比重×9+高中受教育人数比重×12+大专及以上受教育人数比重×16。

（五）R&D 投入（X_5）

一个区域的 R&D 投入水平与本地区的集约化发展模式密切相关，R&D 投入水平越高，各种投入要素的利用就越充分，就越能促进本地区创新成果的转化，进而提高本区域城市土地集约利用水平。为消除区域间经济规模的影响，采用省域研究与试验发展（R&D）经费内部支出占地区生产总值的比重来表示R&D投入。

(六) 人均地区生产总值（X_6）

人均地区生产总值在衡量经济发展水平的诸多指标中最能够准确地反映社会经济发展的质量和人民生活水平的变化。本节中的人均地区生产总值在采用商品零售价格指数折算为以2000年为基期的不变价格后又进行了对数变换，这样并不改变原来变量间的各种函数关系，还可以消除变量异方差的影响。

二 空间计量模型构建

根据上一节的分析，构建城市土地集约利用水平影响因素分析的面板数据计量模型如下：

$$\ln Y_{i,t} = \alpha_i + \beta_1 \ln X_{1_{i,t}} + \beta_2 \ln X_{2_{i,t}} + \beta_3 \ln X_{3_{i,t}} + \beta_4 \ln X_{4_{i,t}} + \beta_5 \ln X_{5_{i,t}} + \beta_6 \ln X_{6_{i,t}} + \varepsilon_{i,t} \quad (4.2)$$

式中，$Y_{i,t}$表示i省份第t年的城市土地集约利用水平，$X_1, X_2, \cdots, X_6$分别表示上述六种影响因素指标，$\beta_1, \beta_2, \cdots, \beta_6$分别为待估参数，$\varepsilon$为随机误差项。

纳入空间效应后，构建的空间滞后模型如下：

$$\ln Y_{it} = \sum_{k=1}^{6} \beta_k \ln X_{k_{it}} + \delta \sum_{j=1}^{n} W_{ij} \ln Y_{it} + \mu_i + \lambda_t + \varepsilon_{it} \quad (4.3)$$

$$\varepsilon_{it} \sim i.i.d(0, \delta^2)$$

式中，δ表示空间自回归系数，μ_i表示空间固定效应，λ_t表示时间固定效应，W_{ij}表示空间权重矩阵的元素。①

上述空间滞后模型意味着一个地区城市土地集约利用的所有影响因素将会通过空间传导机制作用于邻近地区。

空间误差模型如下：

$$\ln Y_{it} = \sum_{k=1}^{6} \beta_k \ln X_{k_{it}} + \mu_i + \lambda_t + \varphi_{it}$$
$$\varphi_{it} = \rho \sum_{j=1}^{n} W_{ij} \varphi_{it} + \varepsilon_{it} \quad (4.4)$$
$$\varepsilon_{it} \sim i.i.d(0, \delta^2)$$

式中，φ_{it}表示空间自相关误差项，ρ表示误差项的空间自相关系数。

上述空间误差模型意味着一个地区城市土地集约利用的区域外溢是随机冲击的作用结果。

三 研究样本与数据来源

根据数据的科学性，选取除西藏外的中国大陆30个省级行政区2004—2015年的数据作为研究样本。相关数据均来自《中国统计年鉴》（2005—2016）、《中国科技统计年鉴》（2005—2016）。为剔除物价因素的影响，样本城市地区生产总值等数据通过相应价格指数折算为以2000年为基期的不变价。

相关数据统计描述如表4-2所示。

---

① Lopez-Bazo 等（2004）、Ramajo 等（2008）等对不同的空间权重矩阵的结果进行检验，发现计量结果并没有显著不同。因此，本书仅选择一阶 Rook 空间邻接矩阵作为空间权重矩阵。

表 4-2 2004—2015 年中国城市土地集约利用影响因素各指标的统计描述

指标	单位	最大值	最小值	中值	均值	标准差
资源丰度	—	26.222	0.432	4.055	6.084	5.817
产业结构	%	77.900	28.600	38.500	40.000	7.991
城市化率	%	89.600	24.800	47.200	49.900	14.617
人均受教育年限	年	12.028	6.041	8.413	8.492	0.974
R&D 占地区生产总值比重	%	0.1732	0.0003	0.0022	0.0073	0.0132
人均地区生产总值	元/人	105231	3603	24571	29684	20601

资料来源：根据统计年鉴数据整理获得。

四 全国层面结果分析

以各省份城市土地集约利用水平作为被解释变量（Y），以土地资源丰度（X_1）、产业结构（X_2）、城市化率（X_3）、人均受教育年限（X_4）、R&D 投入（X_5）以及人均地区生产总值（X_6）作为解释变量建立空间面板计量经济模型来进行实证检验。

第三章的 Moran's I 分析已经验证了 2004—2015 年中国城市土地集约利用水平存在明显的空间自相关。根据 Anselin（1996）给出的判定方法，下面要进行固定效应、两个 Lagrange 乘数的误差、滞后及其稳健形式的四个统计量的检验，以确定采用空间滞后模型还是空间误差模型，结果见表 4-3、表 4-4。检验结果显示，LM-lag 与 LM-err 在 1% 的显著性水平上均通过检验，而 R-LM-lag 显著性水平比 R-LM-err 高，因此采用空间滞后模型更为恰当。同时，Hausman 检验显示采用固定效应模型。

表 4-3　　　　　　普通面板计量模型 Hausman 检验结果

检验结果	卡方统计量	自由度	P 值
截面随机	58.2869	6	0.0000

表 4-4　　　　　　　　模型选择的检验结果

检验	统计量	P 值
LM-lag	26.1167	0.0000
R-LM-lag	6.5025	0.0083
LM-err	24.2234	0.0000
R-LM-err	5.9076	0.0180

为便于比较，本书同时给出了普通面板、无固定效应、空间固定效应、时间固定效应、空间时间双固定效应空间计量模型的估计结果（见表 4-5）。

由表 4-5 可知，八种计量模型的空间滞后项 W*dep.var 和空间误差项 spat.aut 的统计量均通过 10% 的显著性水平检验，这也验证了采用空间计量模型是合理的。在相同效应模型的对数似然函数值 $logL$ 统计量的比较中，空间误差模型（SEM）的 $logL$ 统计量要大于空间滞后模型（SLM）的 $logL$ 统计量，从而空间误差模型（SEM）比空间滞后模型（SLM）的解释力度更好。结合拟合优度 R^2 和对数似然函数值 $logL$ 可以看出，空间固定效应模型的值最大。综上，本章采用空间固定效应的空间误差模型（SEM）对计量结果进行解释。

资源禀赋在 10% 的显著性水平上对城市土地集约利用水平的影响为负，这表明了城市土地"资源诅咒"效应的存在，即

表4-5　中国城市土地集约利用水平空间计量结果

变量	普通面板	SLM 无固定	SLM 空间固定	SLM 时间固定	SLM 双固定	SEM 无固定	SEM 空间固定	SEM 时间固定	SEM 双固定
常数项	-4.161*** (-7.341)	-1.889*** (-3.785)	—	—	—	-3.703*** (-7.913)	—	—	—
X_1	0.083*** (3.060)	0.146*** (5.353)	0.117*** (4.386)	-0.178 (-1.542)	-0.170 (-1.412)	-0.048* (-1.806)	-0.047* (-1.880)	-0.150 (-1.310)	-0.139 (-1.141)
X_2	0.422*** (4.321)	0.324*** (3.175)	0.344*** (3.359)	-0.049 (-0.439)	-0.071 (-0.654)	0.227** (2.558)	0.189** (2.100)	-0.031 (-0.277)	-0.057 (-0.508)
X_3	-0.796*** (-5.897)	-0.535*** (-4.368)	-0.569*** (-5.026)	0.280 (0.189)	0.253 (1.143)	-0.324*** (-2.790)	-0.346*** (-3.570)	0.247 (1.149)	0.246 (1.082)
X_4	-0.735— (-3.207)	-0.808*** (-3.559)	-0.522** (-2.466)	-0.084 (-0.338)	-0.220 (-1.015)	-0.340* (-1.661)	0.023 (0.119)	0.139 (0.508)	-0.097 (-0.419)
X_5	0.025* (1.704)	0.020 1.619	0.018 1.638	0.009 (0.893)	0.012 (1.487)	0.029*** (2.619)	0.036*** (4.122)	-0.002 (-0.189)	0.011 (1.257)
X_6	0.634*** (10.260)	0.364*** (8.1019)	0.380*** (11.233)	0.227*** (5.256)	0.239*** (5.694)	0.417*** (7.949)	0.385*** (13.718)	0.209*** (4.910)	0.241*** (5.597)
W*dep.var	—	0.151** (2.166)	0.067* (1.880)	0.158*** (2.602)	0.099* (1.724)	—	—	—	—
spat. aut	—	—	—	—	—	0.737*** (19.741)	0.272*** (3.932)	0.757*** (21.414)	0.209*** (2.906)

续表

变量	普通面板	SLM 无固定	SLM 空间固定	SLM 时间固定	SLM 双固定	SEM 无固定	SEM 空间固定	SEM 时间固定	SEM 双固定
R^2	0.5352	0.5031	0.8600	0.5284	0.8461	0.6566	0.8643	0.7018	0.8430
σ^2	—	0.0507	0.0143	0.0481	0.0157	0.0350	0.0138	0.0304	0.0160
$\log L$	51.1092	20.7917	211.4099	29.1062	191.5726	51.0589	213.6168	70.2575	192.8370

注：上述结果基于软件 Matlab（2009b）计算获得。*、**、*** 分别表示在 10%、5%、1% 的显著性水平下通过检验；括号内的数值是渐进的 t 统计量；—表示此项内容为空。

城市土地资源禀赋对城市土地集约利用水平的提升具有反向抑制作用。比较中国各省份土地资源禀赋、土地集约利用水平可以发现，资源禀赋相对高的地区其城市土地集约利用水平反而相对较低。以 2014 年数据为例，山东省 2014 年土地资源相对丰度为 11.340，同期湖南为 4.078，仅相当于山东省的 36%，但湖南的土地集约利用水平却高出山东 16 个百分点。从增长率的角度看，城市土地资源相对丰度较低的内蒙古、贵州在 2004—2015 年土地集约利用平均增长率都在 7% 左右，而土地资源丰度相对较高的山东、浙江、江苏等地的年均增长率都在 2% 以下。为剔除东西部之间经济发展不平衡的因素，再以西部地区的广西、宁夏为例，资源相对丰度分别为 3.561 和 6.656，在 12 年的平均增长率分别为 4.5% 和 3.6%。总之，资源丰度对城市土地集约利用的负向影响再次提醒探讨因地制宜的土地资源优化路径的必要性。

产业结构在 5% 的显著性水平上对城市土地集约利用水平的影响为正，这表明提高第三产业产值比重有助于城市土地集约利用水平的提升。2013 年中国第三产业增加值比重达到 46.1%，首次超过第二产业。就发展趋势来看，2004—2015 年中国第三产业比重与城市土地集约利用水平基本保持了一致的变化趋势，如图 4-3 所示。在城市发展面向内涵提升、精明增长的情况下，第三产业高附加值、低用地的优势将会进一步促进中国产业结构的升级与调整。

城市化率在 1% 的显著性水平上对城市土地集约利用的影响为负，这表明城市化率的提高对中国城市土地集约利用产生了

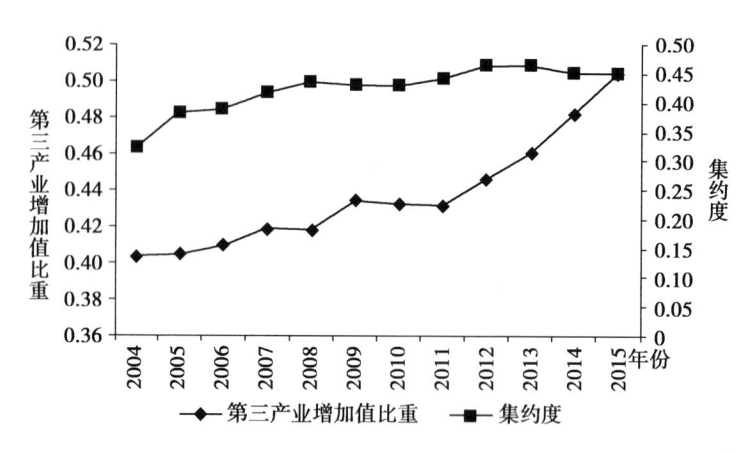

图 4-3 第三产业增加值比重与城市土地集约利用水平变化趋势

不良影响。城市化进程的推进引导产业与人口向城市转移，产业的规模和集聚程度开始加强，单位建设用地产生的效益大幅增加，这势必会提高土地集约利用水平。但城市化过程中伴随着土地闲置、盲目扩张等现象，加之土地市场机制不完善等因素，使得城市化率在提高的同时，城市开发的效率没有同步提升。杨维旭等（2015）指出，在城镇化的中后期阶段，产业结构调整促使人口向城市外围转移，城市基础设施建设等用地增加，城市土地集约利用水平一般会有所回落。郭施宏、王富喜（2012）对山东省 17 地市的研究也发现，城市化程度较高的济南、烟台、青岛等地区的土地集约利用水平均相对滞后。

人力资本要素蕴含着知识创新、技术创新，其在区域间的流动有助于先进生产技术的引进与吸收，进而促进城市土地集约利用水平的提升。另外，人力资本聚集的地区，第三产业占比往往也高，在推动城市土地集约利用水平方面的结构效应更加明显。计量结果显示，人力资本的弹性系数为 0.023，未通过显著性水平检验,说明其对城市土地集约利用水平的影响不显著。中国人均受教育年限由 2004 年的 8.0 上升到 2014 年的 9.04,年均增长率为 22%,居民受教育状况改善明显。但是中国人力资本在结构方面还存在很大的不合理性,与经济发展的需求严重失衡,比如适龄青年中大学生比重偏低(2011 年为 4%)、高技术人才相对不足等。特别是中西部地区在承接产业转移与国内经济发展过程中,人力资本不能转化为有效的生产力,从而使人力资本虽然在一定程度上能够提升城市土地集约利用水平,但效果并不显著。

R&D 投入对城市土地集约利用水平的提高具有正向影响,回归系数为 0.036,t 统计量为 4.122,通过了 1%的显著性水平检验。研究与实验发展(R&D)经费内部支出占地区生产总值的比重越高,越有利于促进区域技术进步,从而提高区域用地能力与节地能力。另外,技术研发的外溢效应还会影响区域产业转型与升级。近年来,中国在生产设备改进等方面的 R&D 投入力度逐步加大,城市开发向高技术、高密度、立体化方面发展,科技创新促使产业向高附加值产业转化升级,建筑密度、容积率、城市土地产出率明显提高。统计数据显示,中国 R&D 经费支出由 2004 年的 1843 亿元增加到 2015 年的 14220 亿元,12 年增加了 6.7 倍。R&D 投入强度也由 2004 年的 1.23 增加到 2015 年的 2.10。高强度的 R&D 投入,为提升中国新型城镇化的质量,促进区域土地节约、集约利用起到了推动作用。

经济发展水平的弹性系数为 0.385,在 6 个解释变量中最大,表明城市土地集约利用水平受经济发展的影响最大。经济发展水平越高的地区，其土地市场化发育程度越高，对基础设施的投资力度也越大，最终影响单位土地面积的投入强度与产出效率。经济发展水平高的地区在城市开发上具有资金、技术、人才等优势，为城市土地集约利用水平的提升提供物质基础。一定程度上，正是因为经济发展水平对城市土地集约利用水平的这种正向影响作用，导致中国东部、中部、西部以及东北地区的城市土地集约利用水平差异明显。表4-6给出了2015年中国各省份人均地区生产总值与城市土地集约利用水平数据，可以看出，经济发展水平较高的地区也具有较高的城市土地集约利用水平。这种差距不但表现在区域之间，区域内部经济发展水平的差距也导致了城市土地集约利用水平的差距。以东部地区为例，海南省2015年人均地区生产总值为41008元/人，在东部地区排名最低，其城市土地集约利用水平在东部地区也处于较低水平。

表4-6 2015年各省份城市经济发展水平与土地集约利用水平比较

地区	人均地区生产总值（元/人）	土地集约利用水平	地区	人均地区生产总值（元/人）	土地集约利用水平
北京	106751	0.627	湖北	50808	0.418
天津	109033	0.596	湖南	43114	0.575
河北	40630	0.437	广西	35345	0.440
上海	102920	0.620	重庆	52550	0.415
江苏	87939	0.507	四川	36981	0.455
浙江	77361	0.497	贵州	29939	0.427
福建	68261	0.584	云南	29699	0.400
山东	65377	0.509	陕西	48135	0.422
广东	67897	0.511	甘肃	26208	0.331
海南	41008	0.438	青海	41428	0.421

续表

地区	人均地区生产总值（元/人）	土地集约利用水平	地区	人均地区生产总值（元/人）	土地集约利用水平
山西	35095	0.466	宁夏	43837	0.278
内蒙古	71992	0.493	新疆	40897	0.288
安徽	37482	0.510	辽宁	66038	0.335
江西	36819	0.475	吉林	51851	0.310
河南	39222	0.552	黑龙江	39352	0.298

五 分区域结果分析

为进一步分析影响城市土地集约利用水平的因素在区域间的差异性，本书分别以东部、中部、西部、东北四大区域为研究对象进行实证检验。为避免截面样本数量太少造成空间计量模型结果失真的现象，采用普通面板数据模型进行估计。

（一）东部城市土地集约利用估计结果

1. 模型估计结果

表4-7的检验结果显示，Hausman检验通过了10%的显著性检验，因此采用固定效应模型进行估计；F值高度显著，模型拟合优度接近90%，D-W值接近2，说明模型设定恰当，估计结果具有说服力。

2. 估计结果分析

由表4-7可以看出，土地资源丰度、产业结构、城市化率对东部地区城市土地集约利用水平起显著抑制作用；人均地区生产总值对城市土地集约利用水平具有显著正向影响；人均受教育年限与 R&D 占地区生产总值的比重对城市土地集约利用水平的影响均不显著。从不同变量的估计系数来看，土地资源丰度、城市化率与人力资本对东部地区城市土地集约利用水平的负向影响同全国一致；与全国不同的是，第三产业产值占地区生产总值的比重却在 1% 的显著性水平上抑制土地集约利用水平的提高。可能的原因是，相比东部发达的经济水平，当前第三产业的结构简单、技术含量低，特别是在金融、信息、技术服务等领域发展相对滞后。

表 4-7　　　　　　东部城市土地集约利用估计结果

模型检验	Hausman 检验	自由度	P 值
	11.5646	6	0.0724
模型选择	固定效应		
变量	系数	标准差	t 值	P 值
C	-0.4424	0.9848	-0.4492	0.6542
X_1	-0.0824***	0.1164	-2.7078	0.0072
X_2	-0.3323*	0.1760	-1.8911	0.0614
X_3	-0.0324*	0.2947	-1.7782	0.0522
X_4	-0.1643	0.3672	-0.4474	0.6555
X_5	0.0060	0.0072	0.8240	0.4118
X_6	0.1560***	0.0460	3.3950	0.0010
F 值	15.6744***			0.0000
$\log L$	118.8694			
R^2	0.8933			
D-W	1.7950			

（二）中部城市土地集约利用估计结果

1. 模型估计结果

鉴于中部地区截面单元数较少，为使一致估计量趋于真实值,直接采用固定效应模型进行估计,结果见表4-8。

表4-8 中部城市土地集约利用估计结果

变量	系数	标准差	t 值	P 值
C	−7.3635***	1.1062	−6.6561	0.0000
X_1	−1.5590***	0.2287	−6.8155	0.0000
X_2	1.1412***	0.3731	3.0586	0.0033
X_3	−0.0269	0.1609	−0.1677	0.8674
X_4	−0.1091	0.3038	−0.3593	0.7206
X_5	−0.0020	0.0109	−0.1872	0.8521
X_6	0.4822***	0.0836	5.7663	0.0000
F 值	34.7626			0.0000
$\log L$	90.9249			
R^2	0.8644			
D-W	1.8556			

2. 估计结果分析

从表4-8可以看出,土地资源丰度、产业结构、人均地区生产总值均对中部地区城市土地集约利用水平具有显著影响。城市化率、人均受教育年限、R&D占地区生产总值比重对城市土地集约利用水平具有抑制作用,但表现不显著。具体来看,与全国和东部地区一致的是,资源丰度、城市化率对城市土地集约利用的影响为负,但其影响力低于东部地区。产业结构对中部地区城市土地集约利用水平的影响为正,并且通过了1%的显著性检验,这从一定程度上反映出中部地区产业结构调整起到了一定的积极作用。与东部地区相同,人力资本对城市土地集约利用的抑制作用仍然表现不显著。R&D占地区生产总值比重对城市土地集约利用水平的提升具有抑制作用,这不同于全国及东部地区。因此,中部地区应该从提高研发产出的效率入手,进一步提高 R&D 的质量与效益。

(三) 西部城市土地集约利用估计结果

1. 模型估计结果

表 4-9 的检验结果显示,Hausman 检验不显著,因此采用随机效应模型进行估计;F 值高度显著,模型的拟合优度接近 90%,D-W 值接近 2,说明模型设定恰当,估计结果具有说服力。

表 4-9　　　　　西部城市土地集约利用估计结果

模型检验	Hausman 检验	自由度	P 值	
	1.3540	6	0.9686	
模型选择	随机效应			
变量	系数	标准差	t 值	P 值
C	-2.1916**	1.0275	-2.1328	0.0349
X_1	-0.0179	0.0490	-0.3653	0.7155
X_2	0.1338	0.1893	0.7071	0.4808
X_3	-0.7960**	0.3968	-2.0059	0.0470
X_4	-0.3083	0.4024	-1.7661	0.4450
X_5	-0.0233*	0.0140	-1.6608	0.0992
X_6	0.3587***	0.0485	7.3840	0.0000
F 值	20.6635			0.0000
R^2	0.8979			
D-W	1.8139			

2. 估计结果分析

从表 4-9 可以看出,城市化率、R&D 占地区生产总值比重对西部地区城市土地集约利用水平具有显著抵制作用。土地资源丰度、人均受教育年限对城市土地集约利用水平的提升具有抑制作用，产业结构则对城市土地集约利用水平具有正向促进作用，但这三个因素表现均不显著。具体而言，人均地区生产总值在1%的显著性水平上对城市土地集约利用水平具有正向促进作用，并且影响程度较大。对西部地区而言，在其他条件不变的情况下，人均地区生产总值每提高1%，城市土地集约利用水平将提升35.87%。土地资源丰度、城市化率、人均受教育年限对城市土地集约利用的影响与东部地区一致，均为负向影响作用。城市化率的估计系数为-0.7960，在5%的显著性水平上通过检验，西部地区城市化率的提高并没有伴随土地利用的高效率，并且土地城市化严重制约城市土地集约利用水平的提升。

（四）东北城市土地集约利用估计结果

1. 模型估计结果

鉴于东北地区涉及的省份少，截面单元数太少，为使一致估计量趋于真实值，直接采用固定效应模型进行估计，结果见表4-10。

2. 估计结果分析

从表4-10可以看出，产业结构、人均地区生产总值对东北地区城市土地集约利用水平具有显著正向促进作用，土地资源丰度、城市化率对城市土地集约利用水平具有显著抑制作用。此外，人均受教育年限、R&D占地区生产总值比重对城市土地集约利用水平具有抑制作用，但表现不显著。具体而言，同西部地区情况类似，人均地区生产总值对东北地区城市土地集约利用水平的带动作用最大。产业结构的估计系数为0.6870，说明在其他因素不变的情况下，第三产业产值占地区生产总值比重每提高1%，城市土地集约利用水平将提高68.7%。因此，东北地区产业结构转型与调整对城市土地集约利用水平的提升效果明显。

表4-10　　　　　　　东北城市土地集约利用估计结果

模型选择	固定效应			
变量	系数	标准差	t值	P值
C	-0.9049	2.4304	-0.3723	0.7126
X_1	-3.7823***	0.7750	-4.8802	0.0000
X_2	0.6870***	0.1952	3.5189	0.0016
X_3	-2.0979**	0.8477	-2.4746	0.0199
X_4	-0.7922	0.9232	-0.8581	0.3984
X_5	-0.0136	0.0170	-0.7987	0.4314
X_6	1.3364***	0.2318	7.3840	0.0000
F值	28.4474			0.0000
$\log L$	43.0309			
R^2	0.8939			
D-W	1.9279			

第三节　本章小结

本章通过构建空间面板数据计量模型，对2004—2015年中国 30 个省级行政区及东部、中部、西部、东北四大区域城市土地集约利用的相关影响因素进行实证分析。结果表明，土地资源禀赋、城市化水平对全国范围城市土地集约利用水平的提升具有显著抑制作用，而产业结构、R&D 投入与经济发展水平则明显促进了全国城市土地集约利用水平的提升。另外，人力资本与中国城市土地集约利用水平呈现正相关，但影响不显著。

分区域来看，土地资源禀赋、产业结构、城市化水平均对东部地区城市土地集约利用具有显著抑制作用，而 R&D 投入、人均地区生产总值则促进了东部地区城市土地集约利用水平的提升，但 R&D 投入未能通过显著性水平的检验。在影响中部地区城市土地集约利用的所有因素中，起到显著促进作用的有产业结构和人均地区生产总值，土地资源禀赋则依然具有显著抑制作用。此外，城市化水平、人力资本、R&D 投入这三个因素对中部地区城市土地集约利用的影响表现为抑制作用，但不显著。对西部地区而言，土地资源禀赋与人均受教育年限对城市土地集约利用的影响为负，但没有通过显著性检验。城市化率、R&D 投入对城市土地集约利用水平的提升具有显著抑制作用，而产业结构、人均地区生产总值则表现为正向影响，但对产业结构影响不显著。在影响东北地区城市土地集约利用的各因素中，产业结构、人均地区生产总值表现为显著的正向促进作用，土地资源禀赋、城市化水平表现为显著的抑制作用，人力资本、R&D 投入虽然抑制了东北地区城市土地集约利用水平的提升，但影响不显著。

第五章

城市土地集约利用的空间不均衡及其空间收敛性

第三章的分析结果表明，2004—2015年中国城市土地集约利用存在明显的区域差异，这种区域差异又进一步加剧了土地供需矛盾。深入剖析城市土地利用系统，有效测度中国城市土地集约利用的空间不均衡程度，分析其空间极化特征及演变趋势，对指导城市土地集约利用实践，全面把握城市土地集约利用的发展态势，提升城市土地集约利用的区域协调性具有重要现实意义，也是寻求中国城市土地集约利用水平提升策略的基础。鉴于此，本章通过构建空间差异测算模型与空间差异收敛性模型，实证考察中国城市土地集约利用的趋同与趋异问题，对中国城市土地利用的差异变动进行剖析，为推进城市土地节约集约利用提供参考。

第一节 城市土地集约利用的空间不均衡测度

目前国内外学者测算区域差异和不均衡现象的方法主要有变异系数法、威尔逊系数法（加权变异系数）、基尼系数法、泰尔指数法、区位商指数法等。为反映城市土地集约利用水平在不同空间和不同时间的差异程度，并区分组内差异和组间差异，本书采用威尔逊系数法和泰尔指数法进行分析。

一 威尔逊系数法

城市土地集约利用的空间差异性又叫空间均衡性，是指与区域资源环境禀赋相协调的土地集约利用的布局状态，而并非城市土地集约利用活动在空间上的均匀分布。构建测度土地集约利用空间均衡性的威尔逊系数计算如下：

$$V = \frac{1}{\bar{x}} \sqrt{\sum_{i=1}^{n} (x_i - \bar{x})^2 \frac{L_i}{L}} \qquad (5.1)$$

式中，V 表示威尔逊系数，V 越大，空间不平衡性（空间差异性）越大；x_i 表示 i 地区城市土地集约利用水平；$\bar{x}$ 表示背景地区的城市土地集约利用水平；L_i 表示 i 地区建成区面积；L 表示背景地区建成区总面积。

威尔逊系数的意义在于：如果各地区城市土地集约利用水平等于全国平均水平，则威尔逊系数为 0，此时的空间均衡性最好，表现为无空间差异。威尔逊系数越大，空间差异性越大。

表 5-1 和图 5-1 显示了全国及四大区域城市土地集约利用

水平的威尔逊系数及其变动规律。各区域范围内,威尔逊系数总体上呈下降趋势,表明省际城市土地集约利用水平呈现均衡化的发展趋势,低集约水平区域的追赶效应明显。

表 5-1　　　　2004—2015 年全国及四大区域威尔逊系数

年份	全国	东部	中部	西部	东北
2004	0.3171	0.1444	0.1543	0.1647	0.1296
2005	0.3438	0.1433	0.1855	0.1846	0.2548
2006	0.3384	0.1126	0.1509	0.2414	0.3405
2007	0.2870	0.1151	0.1076	0.1942	0.2220
2008	0.2708	0.0848	0.0881	0.1792	0.2543
2009	0.2618	0.1194	0.0962	0.2071	0.1946
2010	0.2592	0.1146	0.1029	0.1785	0.1499
2011	0.2213	0.0986	0.0957	0.1743	0.1054
2012	0.2151	0.1056	0.0940	0.1883	0.1092
2013	0.1979	0.0892	0.0849	0.2090	0.0894
2014	0.1906	0.0934	0.0988	0.1619	0.1149
2015	0.1921	0.0934	0.1117	0.1616	0.0517
平均	0.2579	0.1095	0.1142	0.1871	0.1680

全国范围内,威尔逊系数除在 2005 年略有增加外,其值一直持续下降到 0.1921 的水平,城市土地集约利用的区域差异逐年缩小。分区域来看,西部地区威尔逊系数最大,说明西部地区城市土地集约利用的区域差异最大,空间发展很不均衡。从时序变化来看,2004—2006 年,西部地区威尔逊系数持续增大,2007 年之后开始回落,然后分别在 2009 年和 2013 年略有增长,随后一直降至 2015 年的 0.1616 的水平。东北地区 2004—2015 年的威尔逊系数平均值为 0.1680,也是威尔逊系数下降最剧烈

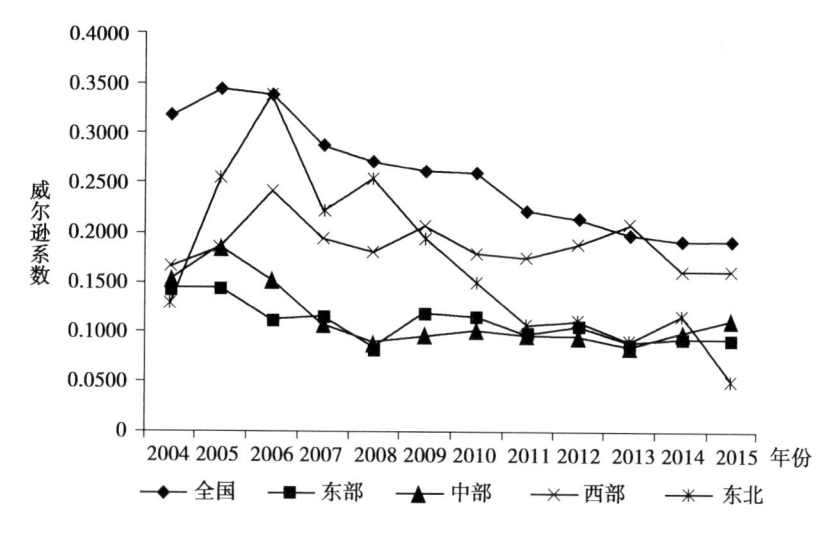

图 5-1 2004—2015 年地区间城市土地集约利用水平的威尔逊系数变化趋势

的地区，其 2015 年的威尔逊系数只有 0.0517。样本期内东北地区威尔逊系数的下降幅度达 60%，说明东北三省城市土地集约利用的空间差异性改善较好。中部地区威尔逊系数平均值为 0.1142，2005—2007 年中部地区威尔逊系数下降明显，但在 2008 年之后变化趋于平缓。

从整体上看，全国范围的威尔逊系数最大，西部次之，东北第三，中部第四，东部地区最小，威尔逊系数整体上趋于下降的趋势说明区域间发展的差距在缩小，中国城市发展的整体失衡现状正在改善。

二 泰尔指数法

泰尔指数（Theil Index）又叫泰尔熵标准（Theil's Entropy Measure），最早用来研究个人或地区间的收入差距，后来在地区差异的研究中得到广泛应用。泰尔指数具备良好的可分解性质，当被考察样本分为多个群组时，泰尔指数可以把样本的总体差距分解为组内差距和组间差距，并分别衡量组内差距与组间差距对样本总体差距的贡献。泰尔指数的一般计算公式为：

$$T = \frac{1}{n}\sum_{i=1}^{n}\frac{y_i}{u}\ln\frac{y_i}{u} \quad (5.2)$$

式中，T 表示全国城市土地集约利用水平的泰尔指数，n 表示样本总体数量，y_i 表示各省份城市土地集约利用水平测度值，u 表示全国城市土地集约利用水平的平均值。

若将全国省份共 n 个样本分为 K 个群组，第 k 个群组包含 n_k 个省份，则有 $\sum_{k=1}^{K}n_k = n$。第 k 个群组城市土地集约利用水平的泰尔系数根据式（5.3）计算：

$$T_k = \frac{1}{n_k}\sum_{i=1}^{n_k}\frac{y_{ki}}{u_k}\ln\frac{y_{ki}}{u_k} \quad (5.3)$$

式中，T_k 表示第 k 个群组城市土地集约利用水平的泰尔指数，y_{ki} 表示第 k 个群组第 i 个省份城市土地集约利用水平测度值，u_k 表示第 k 个群组城市土地集约利用水平的平均值。

泰尔指数的全国样本分解公式如下：

$$T = \frac{1}{n}\sum_{k=1}^{K}\sum_{i=1}^{n_k}\frac{y_i}{u}\ln\frac{y_i}{u} = \sum_{k=1}^{K}\frac{n_k}{n}\frac{u_k}{u}\frac{1}{n_k}\sum_{i=1}^{n_k}\frac{y_i}{u_k}\ln\frac{y_i}{u_k} +$$

$$\sum_{k=1}^{K}\frac{n_k}{n}\frac{u_k}{u}\ln\frac{u_k}{u} = T_W + T_B \quad (5.4)$$

$$T_W = \sum_{k=1}^{K}\frac{n_k}{n}\frac{u_k}{u}\frac{1}{n_k}\sum_{i=1}^{n_k}\frac{y_i}{u_k}\ln\frac{y_i}{u_k} = \sum_{k=1}^{K}\frac{n_k}{n}\frac{u_k}{u}T_k \quad (5.5)$$

$$T_B = \sum_{k=1}^{K}\frac{n_k}{n}\frac{u_k}{u}\ln\frac{u_k}{u} \quad (5.6)$$

式中，T_W 表示全国城市土地集约利用水平的组内差异，T_B 表示全国城市土地集约利用水平的组间差异，T_k 表示第 k 个群组城市土地集约利用水平的泰尔指数。

由式 (5.4) 可知，$T = T_W + T_B = \sum_{k=1}^{K} \frac{n_k}{n} \frac{u_k}{u} T_k + T_B$ (5.7)

式 (5.7) 两端同时除以 T，得

$$1 = \sum_{k=1}^{K} \frac{n_k}{n} \frac{u_k}{u} \frac{T_k}{T} + \frac{T_B}{T} \quad (5.8)$$

式中，$\frac{n_k}{n} \frac{u_k}{u} \frac{T_k}{T}$ 表示第 k 个群组内部差异对总体差异的贡献率，$\frac{T_B}{T}$ 表示区间差异对总体差异的贡献率。

基于式 (5.2)—式 (5.8)，表 5-2 和表 5-3 给出了 2004—2015 年城市土地集约利用水平的泰尔指数和组间差异、组内差异对总体差异的贡献率。

表 5-2　2004—2015 年地区间城市土地集约利用水平的泰尔指数

年份	全国差异	东部差异	中部差异	西部差异	东北差异	组内差异	组间差异
2004	0.050084	0.006476	0.002960	0.005647	0.000728	0.005159	0.044925
2005	0.062278	0.004567	0.003382	0.011661	0.002804	0.006260	0.056018
2006	0.058301	0.003391	0.002362	0.016877	0.005139	0.007338	0.050963
2007	0.035247	0.003188	0.000978	0.005556	0.002189	0.003407	0.031841
2008	0.035140	0.002594	0.000943	0.007412	0.002902	0.003752	0.031388
2009	0.033882	0.003929	0.000872	0.008990	0.001722	0.004693	0.029189
2010	0.031000	0.003685	0.000917	0.006576	0.000996	0.003840	0.027160
2011	0.026666	0.002917	0.000740	0.006633	0.000645	0.003504	0.023162
2012	0.029320	0.002838	0.000790	0.008851	0.000769	0.004167	0.025153
2013	0.025581	0.002529	0.000661	0.008668	0.000616	0.003982	0.021599

续表

年份	全国差异	东部差异	中部差异	西部差异	东北差异	组内差异	组间差异
2014	0.023202	0.003567	0.000904	0.005014	0.000715	0.003260	0.019942
2015	0.022952	0.002605	0.001142	0.005252	0.000209	0.002966	0.019986
均值	0.036138	0.003524	0.001388	0.008095	0.001619	0.004361	0.031777

表 5-3　　　　各差异对总差异的贡献率　　　　单位:%

年份	组内贡献率	组间贡献率	东部贡献率	中部贡献率	西部贡献率	东北贡献率
2004	10.30	89.70	5.81	1.16	3.23	0.10
2005	10.05	89.95	3.42	1.01	5.34	0.28
2006	12.59	87.41	2.60	0.79	8.69	0.50
2007	9.67	90.33	3.84	0.57	4.87	0.39
2008	10.68	89.32	3.09	0.56	6.50	0.52
2009	13.85	86.15	4.76	0.55	8.20	0.34
2010	12.39	87.61	4.87	0.62	6.69	0.21
2011	13.14	86.86	4.44	0.57	7.96	0.17
2012	14.21	85.79	3.91	0.57	9.55	0.18
2013	15.57	84.43	3.92	0.55	10.93	0.17
2014	14.05	85.95	6.06	0.83	6.94	0.22
2015	12.92	87.08	4.43	1.09	7.33	0.06
均值	12.45	87.55	4.26	0.74	7.19	0.26

注：东部、中部、西部、东北组内差异对总差异的贡献率分别简称为东部贡献率、中部贡献率、西部贡献率和东北贡献率。

从变动趋势来看，全国城市土地集约利用水平的泰尔指数除在 2005 年和 2012 年小幅上升外，总体呈下降趋势，四大区域城市土地集约利用水平的泰尔指数变化趋势整体上与全国表现出大致相同的变化趋势，这与威尔逊指数的检验结果一致。但四大区域均有各自的变化特征，西部地区样本期内的平均值仍然最大,东部次之,东北第三,中部最小。

分区域来看,东部地区的泰尔指数主要经历了两次大的波动,2004—2008年呈持续下降趋势,泰尔指数由0.006476下降到0.002594,在2009年上升为0.003929,之后一直下降到2013年的0.002529,2014年小幅上升后又在2015年下降到0.002605;中部地区的泰尔指数在2005—2013年经历了一次较大幅度的下降,下降幅度超过80%,之后在2015年上升为0.00142,样本期内的下降幅度为61.4%;西部地区城市土地集约利用水平的泰尔指数呈现曲折下降的趋势,与其他三个地区相比,西部地区的变化幅度最小,其泰尔指数在2006年达到最大值0.016877,然后下降为0.005556,然后一直上升到2009年的0.008990,在2012年再次上升为0.008851之后降为0.005252,与2006年相比下降幅度为69%;东北地区城市土地集约利用水平的泰尔指数在2006年达到最大值0.005139,然后下降为0.002189,在2008年小幅上升为0.002902,之后整体下降为0.000209,下降幅度为71.3%。

从组内差异与组间差异的变化情况来看,2004—2015年全国城市土地集约利用水平的组内差异在波动中呈下降趋势,组间差异从2005年开始下降明显,组间差异的下降幅度大于组内差异的下降幅度,说明样本期内组内差异和组间差异均在缩小,但四大区域间的差异缩小的速度更快,区域间城市土地集约利用的均衡性趋于加强。

从各差异对总差异的贡献率来看,样本期内全国城市土地集约利用的组间差异平均贡献率为87.5%,组间差异对总差异的贡献率远远大于组内差异。就各区域内部差异来看，东部、中部、西部以及东北四大区域内部的差异对全国城市土地集约利用水平总差异的贡献率也出现明显分化，其值分别为4.26%、0.74%、7.19%和0.26%，其中西部地区组内差异对总差异的贡献最大。

各差异贡献率的变动趋势也各有特点。组间差异贡献率在波动中呈下降趋势，尤其在2007—2013年组间贡献率下降至84.43%的水平，2013年后又开始上升，在2015年达到87.08%。组内贡献率则呈现波动中上升的变化趋势。其中，西部组内差异对总差异的变化趋势与组内差异贡献率的变化一致，其值在2004—2006年小幅上升后出现下降，然后一直增长到2013年的10.93%，随后在2015年下降到7.33%。中部、东部地区组内差异对总差异的贡献率相对较小，变化幅度较小，总体特征表现为相对稳定。

综上所述，中国城市土地集约利用水平的总差异主要来源于东部、中部、西部、东北四大区域间土地集约利用水平的差距，而各区域内部的差异对总差的贡献率相对较小。

第二节　城市土地集约利用的空间极化测度

城市土地集约利用的空间极化是指区域整体的土地集约利用水平在空间上分化为多个群组，群组内的差距相对较小，群组间的差距相对较大。需要指出，空间极化与空间均衡性有着本质的不同，空间均衡着重考察评价总体围绕样本局部平均值成聚类分布的状况,而空间极化则注重评价单元偏离全局均值的分布情况,这种分布既可以是聚类分布也可以是扩散分布。城市土地集约利用的空间均衡较好,即区域差距变小,并不一定意味着土地集约利用的空间极化程度减弱。根据极化群组的特点,空间极化的测度方法可分为两类:一类是两极分化的测度指数,主要有 W 指数和 WT 指数;另一类是多极分化的测度指数,主要有 ER 指数、EGR 指数和 LU 指数。本章将中国 30 个省级行政区分为东部、中部、西部和东北四大区域进行研究,故采用多极分化测度指数进行测度。

一 ER 指数法

ER 指数的计算公式如下:

$$ER = K \sum_{i=1}^{n} \sum_{j=1}^{m} p_i^{1+\alpha} p_j |x_i - x_j| \tag{5.9}$$

式中,n 为分组数;p_i 和 p_j 分别为第 i 组和第 j 组样本的比重;x_i 和 x_j 分别为第 i 组和第 j 组样本城市土地集约利用的平均值;K 为标准化常数,可以通过 K 的取值将 ER 指数限定在 0—1;α 为(0,1.6)区间的任意数,α 的取值越大,ER 指数反映的极化趋势越大,本书取 $\alpha=1.5$。ER 指数变大,说明区域分组的城市土地集约利用的极化程度加强;反之,则表明极化程度减弱。

二 EGR 指数法

EGR 指数的计算公式如下:

$$EGR = K \sum_{i=1}^{n} \sum_{j=1}^{m} p_i^{1+\alpha} p_j |x_i - x_j| - \beta(G_1 - G_2) \quad (5.10)$$

式中，G_1 为基尼系数，G_2 为组间差距；β 为敏感性参数，反映了组内城市土地集约利用聚合程度，在实际应用中为保证 EGR 指数介于 0 和 1，可以对 β 的取值进行调整。

三 LU 指数法

LU 指数的计算公式如下：

$$LU = K \sum_{i=1}^{n} \sum_{j=1}^{m} p_i^{1+\alpha} p_j (1 - G_i)^{\beta} |x_i - x_j| \quad (5.11)$$

式中，G_i 为第 i 组样本城市土地集约利用水平的基尼系数；其余参数同 EGR 指数。

由式（5.10）和式（5.11）可以看出，EGR 指数和 LU 指数实际上都是 ER 指数的改进，三者表示的极化意义相同。极化指数变大，说明区域分组的城市土地集约利用的极化程度加强；反之，则表明极化程度减弱。

四 极化特征及演变趋势分析

基于式（5.9）—式（5.11），表 5-4 和图 5-2 给出了 2004—2015 年中国城市土地集约利用水平的空间极化程度。由测度结果可以看出，样本期内三种空间极化指数总体上呈上升趋势，说明中国城市土地集约利用的空间极化程度逐步加强。

表 5-4　　中国城市土地集约利用水平的空间极化指数

年份	ER 指数	EGR 指数	LU 指数
2004	0.1516	0.0386	0.1023

续表

年份	ER 指数	EGR 指数	LU 指数
2005	0.1573	0.0401	0.1185
2006	0.1622	0.0468	0.1265
2007	0.1934	0.0693	0.1474
2008	0.2187	0.0926	0.2177
2009	0.2674	0.1522	0.2421
2010	0.2469	0.1435	0.2189
2011	0.3022	0.1708	0.2454
2012	0.3492	0.2122	0.2688
2013	0.3438	0.2579	0.3211
2014	0.3523	0.2432	0.2946
2015	0.3321	0.2459	0.3065

从图5-2可以发现，中国四大区域分组的城市土地集约利用的空间极化指数中ER指数最大，EGR指数最小。从增长幅度来看，2004—2015年ER指数、EGR指数和LU指数分别增长54.4%、84.3%和66.7%。其中，EGR指数的增长幅度最大。从演化趋势来看，空间极化程度主要分为两个加强阶段，分别是2004—2009年和2010—2013年，其中2010—2013年空间极化速度最快，极化趋势更加明显。

结合前面的分析可知，三种空间极化指数的测度结果与泰尔指数和威尔逊系数的测度结果正好相反，这表明区域之间差异的缩小并不意味着极化程度的减弱。在四大区域组内差异下降和组间差异扩大的双重作用下，中国城市土地集约利用的空间极化程度日益加剧。

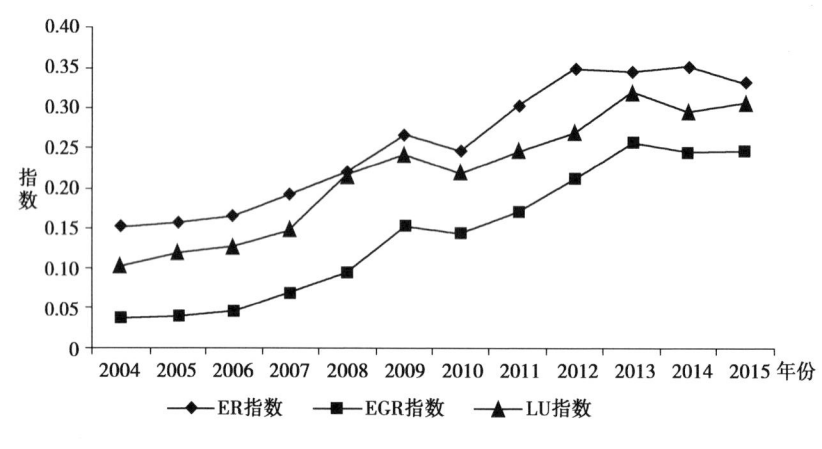

图 5-2 中国城市土地集约利用空间极化演变趋势

第三节 城市土地集约利用的空间 β 收敛性分析

作为一种重要的分析工具，收敛性假说从最初的经济增长领域扩展到能源、教育以及生产要素等问题上来。土地作为一种特殊的生产要素而言，经济的发展是否会带来土地集约利用水平的收敛？欠发达地区城市土地集约利用水平是否比发达地区具有更高的增长速度？为此，本章将对 2004—2015 年中国城市土地集约利用水平的空间收敛趋势进行探讨。

一 普通面板数据的绝对 β 收敛与条件 β 收敛

收敛性分析多数沿用 Baumol（1986）提出的 β 收敛性，主要分为绝对 β 收敛与条件 β 收敛两种。

绝对 β 收敛认为城市土地集约利用的初始水平是影响各地区集约水平的唯一因素，模型采用式（5.12）表示：

$$\ln(I_{i,t+T}/I_{i,t})/T = \alpha + \beta \ln I_{i,t} + \varepsilon_{i,t} \tag{5.12}$$

式中，$I_{i,t}$ 与 $I_{i,t+T}$ 分别表示第 i 个地区第 t 年和第 $t+T$ 年的城市土地集约利用水平，$\ln(I_{i,t+T}/I_{i,t})/T$ 表示第 i 个地区土地集约利用水平的平均增长率；α 为截距项；β 为系数项，且 $\beta = -(1-e^{-\theta T})$，$\theta$ 表示收敛速度；$\varepsilon_{i,t}$ 为随机误差项。若 β 为负，并通过了显著性水平检验，表示城市土地集约利用水平存在绝对 β 收敛，即低集约水平地区比高集约水平地区具有更高的增长率。

条件 β 收敛认为城市土地集约利用的影响因素是多方面的，如经济发展水平、产业结构等都可对城市土地利用产生作用。如果将上述因素作为控制变量加入绝对 β 收敛模型，则可能化为条件 β 收敛模型。城市土地集约利用的条件 β 收敛模型表述如下：

$$\ln(I_{i,t+T}/I_{i,t})/T = \alpha + \beta \ln I_{i,t} + \sum_{i=1}^{m} \lambda_k X_{k,i,t} + \varepsilon_{i,t} \quad (5.13)$$

式中，$I_{i,t}$ 与 $I_{i,t+T}$ 分别表示第 i 个地区第 t 年和第 $t+T$ 年的城市土地集约利用水平，$\ln(I_{i,t+T}/I_{i,t})/T$ 表示第 i 个地区土地集约利用水平的平均增长率；α 为截距项；β 为系数项；λ_k 为第 k 个控制变量的回归系数；$X_{k,i,t}$ 为第 k 个控制变量；$\varepsilon_{i,t}$ 为随机误差项。若 β 为负，并通过了显著性水平检验，表示城市土地集约利用水平存在条件 β 收敛。

二 空间 β 收敛模型

在普通收敛模型中引入空间效应后，借鉴 Lesage 等（2008）、Fisher（2011）提出的空间收敛模型，本章引入的绝对 β 收敛与条件 β 收敛的空间滞后模型分别如下：

$$\frac{1}{T}\ln\frac{I_{i,t+T}}{I_{i,t}}=\alpha+\beta\ln I_{i,t}+\rho W\ln\frac{I_{i,t+T}}{I_{i,t}}+\varepsilon_{i,t} \qquad (5.14)$$

$$\frac{1}{T}\ln\frac{I_{i,t+T}}{I_{i,t}}=\alpha+\beta_1\ln I_{i,t}+\beta_2 X_{i,t}+\rho W\ln\frac{I_{i,t+T}}{I_{i,t}}+\varepsilon_{i,t} \qquad (5.15)$$

式中，ρ 为空间滞后系数，表示省际空间相互作用的大小；W 为空间权重矩阵。

引入空间效应后的绝对 β 收敛与条件 β 收敛空间误差模型分别如下：

$$\frac{1}{T}\ln\frac{I_{i,t+T}}{I_{i,t}}=\alpha+\beta\ln I_{i,t}+\varepsilon_{i,t},\varepsilon_{i,t}=\lambda W+u \qquad (5.16)$$

$$\frac{1}{T}\ln\frac{I_{i,t+T}}{I_{i,t}}=\alpha+\beta_1\ln I_{i,t}+\beta_2 X_{i,t}+\varepsilon_{i,t},\varepsilon_{i,t}=\lambda W+u \qquad (5.17)$$

式中，λ 是反映回归残差之间空间相关性的参数，u 是空间不相关的随机扰动项。

三 指标构建与样本数据来源

城市土地集约利用水平采用第三章第四节中表 3-4 的计算结果。根据第四章第二节的分析，影响城市土地集约利用水平的因素主要有资源禀赋、产业结构、城市化水平、人力资本、技术水平与经济发展水平。由于土地资源禀赋是区域固有特征，短期内难以调控，本章只选取产业结构（X_1）、城市化率（X_2）、人力资本（X_3）、技术水平（X_4）与经济发展水平（X_5）五个因素作为城市土地集约利用水平收敛性的控制变量，各变量的指标含义与计算同第四章。

样本数据主要来源于《中国统计年鉴》（2005—2016）、

《中国科技统计年鉴》(2005—2016)及相关年份各省（直辖市、自治区）统计年鉴。由于西藏部分数据缺失，本章仅选取除西藏外的30个省级行政区（香港、澳门和台湾由于制度方面的差异不在分析范围之内）作为研究对象，时间跨度为2004—2015年。

四 结果分析

由于本章采用的是中国30个省级行政区的特定数据，故采用固定效应模型更为恰当。首先，采用普通面板数据模型进行收敛性分析，同时检验回归残差的空间相关性。为将估计结果进行比较，表5-5同时给出了四种模型的估计结果。

由表5-5可以看出，无论是绝对β收敛还是条件β收敛，时间空间双固定模型的检验效果更优。因此，选择时间空间双固定模型来检验中国城市土地集约利用水平的收敛趋势。进一步，通过比较时空双固定模型的Moran's I、LM-sar、LM-err、R-LM-sar、R-LM-err，两种收敛模式下的Moran's I值均通过了1%的显著性水平检验，说明中国省际城市土地集约利用水平的收敛趋势存在空间相关性，从而拒绝无空间效应的假设。LM-sar、LM-err均通过1%的显著性水平检验，而R-LM-err均大于R-LM-sar，表明应采用空间误差模型进行收敛趋势分析。

表5-6和表5-7给出了绝对β收敛和条件β收敛的空间计量结果，为进一步比较SLM模型和SEM模型的区别，同时采用两种模型进行分析。可以看出，引入空间效应后模型的拟合

表 5-5　普通面板绝对 β 收敛与条件 β 收敛的空间相关性检验

变量	绝对 β 收敛 混合	绝对 β 收敛 空间固定	绝对 β 收敛 时间固定	绝对 β 收敛 双固定	条件 β 收敛 混合	条件 β 收敛 空间固定	条件 β 收敛 时间固定	条件 β 收敛 双固定
$\ln y_i$	-0.1392*** (-6.6543)	-0.4651*** (-13.3664)	-0.1024*** (-4.8805)	-0.5442*** (-11.6564)	-0.1332*** (-4.7652)	-0.5815*** (-12.5905)	-0.1313*** (-4.8556)	-0.5522*** (-11.5128)
X_1					0.0159 (1.1313)	-0.0774** (-2.2972)	0.0067 (0.5058)	-0.0790** (-2.3870)
X_2					0.0282 (0.5534)	-0.0796 (-0.9411)	0.0715 (1.4362)	-0.0851 (-0.8558)
X_3					0.0084 (0.1276)	-0.1343 (-0.8655)	-0.1054 (-1.3689)	-0.1413 (-0.8854)
X_4					-0.0058 (-0.0472)	0.1916 (0.9227)	-0.0531 (-0.4274)	0.0775 (0.2653)
X_5					-0.0002 (-0.0290)	-0.0085 (-1.5553)	0.0006 (0.0872)	0.0035 (0.3195)
X_6					-0.0303 (-1.3762)	0.0884*** (2.6342)	0.0561 (1.5601)	0.0651 (1.3334)
R^2	0.1189	0.3519	0.0675	0.3923	0.1332	0.3979	0.0794	0.4110
σ^2	0.0142	0.3519	0.0124	0.0092	0.0142	0.0097	0.0125	0.0091
D-W	1.6285	1.8062	1.8549	1.9976	1.7000	1.9172	1.8507	2.0144

续表

变量	绝对 β 收敛				条件 β 收敛			
	混合	空间固定	时间固定	双固定	混合	空间固定	时间固定	双固定
log$L$	234.8715	288.5091	256.4853	305.5723	237.5614	300.6568	258.6099	309.9920
LM-sar	12.2153***	20.8991***	20.0003***	18.0419***	18.0829***	12.6928***	15.0035***	10.0068***
R-LM-sar	2.1346	10.4405***	1.0577	10.8610***	12.1768***	3.8246	10.9024***	4.6061*
LM-err	14.8039***	18.9972***	20.3377***	20.3657***	8.9060***	11.5546***	14.1586***	10.0036***
R-LM-err	4.7233*	12.5386***	5.3951	11.1848***	13.0506***	4.6864*	11.0575***	7.0029***
Moran's I	0.1489*** (4.0065)	0.0948* (2.5067)	0.1224*** (3.6217)	0.1234*** (3.6112)	0.1155*** (3.3320)	0.0882* (2.4884)	0.1154*** (3.4915)	0.1023*** (4.0780)

注：括号中数据为 t 检验值，*、**、*** 分别表示 10%、5% 和 1% 的显著性水平，模型估计、空间自相关检验使用 Matlab (2009b)。

优度均有大幅提高，变量回归系数的显著性也有明显改进。这说明空间收敛模型比普通收敛模型更有优势。另外，SEM 模型的对数似然函数值 $\log L$ 均大于 SLM 模型的 $\log L$，故应选取 SEM 模型的计量结果进行分析，印证了前面模型选择的准确性。

表 5-6　　　　　　　　　　　绝对 β 收敛的空间计量结果

变量	模型	
	SLM	SEM
$\ln y_t$	-0.4207*** (-12.7470)	-0.4302*** (-13.2932)
R^2	0.3046	0.4078
σ^2	0.0111	0.0111
$\log L$	273.5922	276.2468
W * dep. var	0.0249 (0.3865)	
spat. aut		0.1059 (1.4680)

表 5-7　　　　　　　　　　　条件 β 收敛的空间计量结果

变量	模型	
	SLM	SEM
$\ln y_t$	-0.5998*** (-13.7033)	-0.6047*** (-13.7458)
X_1	-0.0690** (-2.0488)	-0.0654*** (-2.9376)
X_2	-0.0486 (-0.3220)	-0.0467 (-0.3054)
X_3	0.0243 (0.1400)	0.0565** (2.3189)
X_4	-0.0175*** (-3.9422)	-0.0186*** (-4.0513)
X_5	0.0939*** (2.9788)	0.0891*** (2.7774)
R^2	0.4016	0.6000

续表

变量	模型	
	SLM	SEM
σ^2	0.0096	0.0096
log$L$	298.2234	299.9820
W * dep. var	0.0369 (0.5891)	
spat. aut		0.0889 (1.2234)

从绝对 β 收敛的空间计量结果来看，$\ln y_t$ 的弹性系数为负且通过了 1% 的显著性检验，表明全国范围内城市土地集约利用水平存在绝对 β 收敛趋势。绝对 β 收敛的速度为 4.687%，远远大于普通面板数据模型的 1.619% 的收敛速度，说明区域之间城市土地集约利用存在空间溢出，纳入空间效应后能够提高土地集约利用分析结果的真实性。

在条件 β 收敛的空间计量结果中，$\ln y_t$ 的弹性系数为负且通过了 1% 的显著性检验，表明全国范围内城市土地集约利用水平存在条件 β 收敛趋势。条件 β 收敛的速度为 7.734%，在加入控制变量后收敛速度得到明显提高。人力资本与经济发展水平的估计系数均为正，分别通过了 5%、1% 的显著性水平检验。产业结构、技术水平的估计系数为负，且均通过 1% 的显著性水平检验。城市化水平对城市土地集约利用水平趋同的影响为负，但表现不显著。上述结果表明，人力资本、经济发展水平对城市土地集约利用水平的趋同具有正向作用，产业结构、技术水平则显著抑制城市土地集约利用水平的趋同。

第四节 本章小结

本章首先采用威尔逊系数法、泰尔指数法与空间极化指数法分别测度中国城市土地集约利用水平的区域差异与极化特征，然后对区域差异的变化趋势进行收敛性分析。结果如下。

（1）威尔逊系数显示，全国范围内城市土地集约利用呈现均衡化的发展趋势，区域之间的差异趋于缩小，但区域内部城市土地集约利用的水平的差异却表现出不同的特征。从差异大小来看，西部地区城市土地之间的集约利用水平差异最大，东部地区则最小。威尔逊系数总体上的下降趋势表明全国范围及四大区域内部城市土地集约利用的均衡化趋势明显。泰尔指数的结果也表现出与威尔逊系数相同的变化趋势，总体下降明显。样本期内中国城市土地集约利用的组内差异与组间差异均在缩小，组间差异的下降幅度更大，组间的均衡化趋势更加明显。另外，中国城市土地集约利用水平的总体差异主要来自组间差异。空间极化分析结果表明，样本期内中国四大区域城市土地集约利用水平空间极化的演变趋势不同于区域差距的变化趋势，而是呈上升态势。

（2）空间收敛性分析表明，纳入空间效应后的计量模型在拟合优度、对数似然函数值等方面比普通面板收敛模型改进明显，模型准确性更高。空间绝对 β 收敛分析表明，中国城市土地集约利用水平存在显著的 β 收敛趋势。将影响城市土地集约利用水平趋同的变量引入后，空间条件 β 收敛的结果表明中国城市土地集约利用水平存在显著的条件 β 收敛趋势。在各影响因素中，人力资本、经济发展水平对城市土地集约利用水平的趋同具有显著促进作用，而产业结构、技术水平则对城市土地集约利用水平的趋同具有显著抑制作用。这为差别化土地管理措施的制定提供了实证参考。

第六章

省际城市土地集约利用与区域生态经济协调发展分析

工业化和城市化加速决定的城市土地利用状况直接影响了城市的经济社会发展与人居环境建设。在城市土地的利用过程中，往往只注重土地的经济功能和社会功能，不能很好地利用其生态功能。城市土地扩张导致的资源环境承载能力的崩溃，严重阻碍了中国城镇化的后续发展。统计数据显示，中国城市建设用地由1986年的6720平方千米，增至2014年的49983平方千米，年均增长7.43%。而第一次全国污染源普查公报显示，仅中国工业源排放的工业二氧化硫、烟尘排放量分别为2119.75万吨和1166.64万吨，占各自污染总排放量的91.4%和84.2%。资源环境破坏所致的直接经济损失巨大，明显降低了中国的平均经济效率。因此，要走生态发展之路，土地调控的作用不可忽视。

城市土地集约利用与生态经济协调发展是指在城市化推进过程中，城市土地资源系统与生态环境系统之间或系统内部构成要素之间在城市经济、社会、生态发展过程中的协同一致，是城市土地利用与生态经济发展相匹配的状态表征。目前，关于二者之间关系的研究主要集中在单个区域的城市土地利用与生态环境子系统内部，主要包括土地集约利用的效应、土地利用的生态效率、生态环境对土地集约利用的影响及二者之间的耦合协调度分析等方面。随着城镇化进程的综合推进，从协调性的角度研究区域发展逐渐受到学者重视，主要分为经济发展与生态环境的耦合协调关系、土地扩张与人口增长的协调关系以及城镇化内部单元的协调性分析三个方面。例如，于忠华等（2015）通过构建产业结构的生态环境影响指数用"脱钩"的方法分析南京市经济增长与资源环境的协调性；哈尚辰等（2016）从人居环境质量的角度探讨天山北坡经济带城市化水平与城市环境的协调度；杨艳昭等（2013）分析了不同规模城市用地扩张与人口增长的协调性，发现中小城市以人口增长方式实现规模扩张，而大城市则以土地扩张为主；李小帆等（2015）分析了长江经济带新型城镇化的协调性，并从产城融合、城乡协调等方面对协调性的影响因素进行检验。此外，还有学者结合农业生产实际，对农村发展与生态环境的协调性问题进行研究（梁流涛等，2015）。

上述研究为进一步研究区域协调发展问题提供了借鉴，但其中鲜有成果着眼于城市生态经济发展状况，从定量的、动态的角度，采用多方法相结合的方式探讨土地利用与生态发展的协调关系，并提出有效的调控途径。

在新型城镇化推进过程中，城市土地的集约化利用与生态质量的改善能否同步提升？二者之间的相互影响有多强？因此，很有必要对城市土地集约利用的生态效率进行实证研究，以定量研究土地利用与生态环境改善的演变规律，为寻求城市土地利用与生态经济协调发展的最优方式提供建议。

第一节 指标体系与数据来源

一 指标体系的构建

根据世界可持续发展工商业委员会（World Business Council for Sustainable Development，WBCSD）关于生态效率的定义，借鉴德国的环境经济账户以及张炳（2008）、Seppälä（2005）等构建的区域生态效率评价指标体系，资源消耗为生态效率的主要投入指标，其中最有代表性的就是能源、水资源、土地资源和矿产资源。对于期望产出指标，Seppälä（2005）等提出，可以将国内生产总值（GDP）、工业增加值和产品总价值作为生态效率分析中经济价值的表征量。为区分区域整体的发展水平，期望产出指标同大多数文献一样，采用地区生产总值来表示（2000年不变价）。非期望产出主要为环境污染与生态破坏，选取废水排放量、工业 SO_2 废气排放量、烟（粉）尘排放量三个指标。城市土地集约利用水平的计算参见第三章的结果。

二 样本数据来源

样本数据主要来源于《中国统计年鉴》（2005—2016）、

《中国城市统计年鉴》(2005—2016)及相关年份各省(直辖市、自治区)统计年鉴。由于西藏部分数据缺失，本书仅选取除西藏之外的 30 个省级行政区(香港、澳门和台湾由于制度方面的差异不在分析范围之内)作为研究对象。

第二节 研究方法

一 SBM 模型

生态效率的测度方法主要有比值法、生态足迹法、数据包络分析法等。其中，比值法是根据 WBCSD 对生态效率的定义得到的计算方法，即认为生态效率是产品(或服务)的价值与环境影响的比值。但单一比值法不便于确定环境影响的比重，特别是在进行中观或者宏观评价时难以计算环境影响的价值。区域生态效率应该从经济、环境、资源、生态、社会等多个维度，采用多个指标进行综合评价。数据包络分析方法适合进行多指标投入与多指标产出的评价，并且其最优解的计算与"最大化价值的同时最小化资源消耗与环境污染"的生态效率内涵正好相吻合，因此适宜于进行区域生态效率的测度。

采用 DEA 方法获得的是相对效率值，对被评价单元在评价集合内的水平(位次)能起到很好的刻画作用。参考生态效率的核心思想，可以认为生态效率是通过获得"利润"最大化来实现的，而这种"利润"，是在考虑了产品(或服务)、原材料和环境污染物的虚拟价格的基础上获得的，即生态效率的高低可以通过"利润"的高低来体现,"利润"越大的地区其生态效率越高。

为了解决许多 DEA 模型不能处理投入产出向量的松弛,而导致测度的效率水平出现偏差的问题,日本学者 Kaoru Tone（2004）提出了一个基于松弛测度的考虑非期望产出的 SBM 模型,假定某一生产系统有 n 个决策单元,包含投入、期望产出和非期望产出三个投入产出向量,分别表示为 $x \in R^m$,$y^g \in R^{s_1}$,$b^b \in R^{s_2}$。定义矩阵 X、Y^g、Y^b 如下：$X = [x_1, x_2, \cdots, x_n]^{m \times n}$,$Y^g = [y_1^g, y_2^g, \cdots, y_n^g]^{s_1 \times n}$,$Y^b = [y_1^b, y_2^b, \cdots, y_n^b]^{s_2 \times n}$。

不变规模报酬下的生产可能集 P 可定义为：

$$P = \{(x, y^g, y^b) \mid x \geq X\lambda, y^g \leq Y^g\lambda, y^b \geq Y^b\lambda, \lambda \geq 0\} \quad (6.1)$$

根据 Tone（2004）的处理办法,评价第 j_0 个决策单元的含有非期望产出的 SBM 模型可表述如下：

$$\rho^* = \frac{1 - \frac{1}{m}\sum_{i=1}^{m}\frac{s_i^-}{x_{io}}}{1 + \frac{1}{s_1 + s_2}\left(\sum_{r=1}^{s_1}\frac{s_r^g}{y_{ro}^g} + \sum_{r=1}^{s_2}\frac{s_r^b}{y_{ro}^b}\right)}$$

$$\text{s.t.} \begin{cases} x_o = X\lambda + s^- \\ y_o^g = Y^g\lambda - s^g \\ y_o^b = Y^b\lambda + s^b \\ s^- \geq 0, s^g \geq 0, s^b \geq 0, \lambda \geq 0 \end{cases} \quad (6.2)$$

式中,s 表示投入、产出的松弛量,λ 是权重向量,目标函数 ρ^* 是关于 s^-、s^g、s^b 严格递减的,并且 $0 \leq \rho^* \leq 1$。当且仅当 $\rho^* = 1$,即 $s^- = 0$, $s^g = 0$, $s^b = 0$ 时,被评价单元是有效的。

二 TOPSIS 方法

将每一个省份作为一个备选方案，从每个省份的土地集约利用指标与区域生态效率指标的正向指标中选择最大值，从负向指标中选择最小值作为正理想解（最优协调状态）；从正向指标中选择最小值，负向指标中选择最大值作为负理想解（最劣协调状态）。定义通过 TOPSIS 算法得到的各省份距离正理想解的相对接近程度为该省份城市土地集约利用与生态经济协调发展水平的测度值。具体的 TOPSIS 算法如下：

（1）假设某一多属性决策问题有 m 个备选方案 A_1，A_2，…，A_m，同时有 n 个评价指标 R_1，R_2，…，R_n，其评价值构成原始决策矩阵 A。

$$A = \begin{pmatrix} x_{11} & x_{12} & \cdots & x_{1n} \\ x_{21} & x_{22} & \cdots & x_{2n} \\ & & \cdots & \\ x_{n1} & x_{n2} & \cdots & x_{nn} \end{pmatrix} \quad (6.3)$$

（2）计算规范决策矩阵 S。

$$S = \begin{pmatrix} s_{11} & s_{12} & \cdots & s_{1n} \\ s_{21} & s_{22} & \cdots & s_{2n} \\ & & \cdots & \\ s_{n1} & s_{n2} & \cdots & s_{nn} \end{pmatrix} \quad (6.4)$$

式中，$s_{ij} = \dfrac{x_{ij}}{\sqrt{\sum_{i=1}^{m} x_{ij}^2}}$ $(i = 1, 2, \cdots, m; j = 1, 2, \cdots, n)$。

(3) 计算加权规范决策矩阵 V。

$$V = \begin{pmatrix} v_{11} & v_{12} & \cdots & v_{1n} \\ v_{21} & v_{22} & \cdots & v_{2n} \\ & & \cdots & \\ v_{n1} & v_{n2} & \cdots & v_{nn} \end{pmatrix} \quad (6.5)$$

式中，$v_{ij} = \omega_j \cdot s_{ij}$，$\omega_j$ 为 R_j 的权重，$\sum_{j=1}^{n} \omega_j = 1$。

(4) 确定正理想解和负理想解。

$$A^+ = \{v_1^+, v_2^+, \cdots, v_n^+\} = \{(\max v_{ij} | j \in I), (\min v_{ij} | j \in I)\}, i = 1, 2, \cdots, m$$

$$A^- = \{v_1^-, v_2^-, \cdots, v_n^-\} = \{(\max v_{ij} | j \in I), (\min v_{ij} | j \in I)\}, i = 1, 2, \cdots, m$$

式中，I 为效益型属性，j 为成本型属性。

(5) 计算某个方案与正理想解和负理想解的分离度。

$$d_i^+ = \sqrt{\sum_{j=1}^{n} (v_{ij} - v_j^+)^2}$$

$$d_i^- = \sqrt{\sum_{j=1}^{n} (v_{ij} - v_j^-)^2}$$

(6) 计算备选方案与正理想解的相对接近度 r_i^*。

$$r_i^* = \frac{d_i^-}{d_i^+ + d_i^-}, i = 1, 2, \cdots, m \quad (6.6)$$

第三节 城市土地集约利用与生态经济发展关系分析

一 目标的共性与措施的通用性

生态经济作为一种经济发展模式与城市土地集约利用作为

一种土地利用方式，二者追求的目标都是资源的节约利用，具有典型的一致性。在资源与环境双重约束下，为寻求人与自然的和谐相处，提高资源利用效率，做到资源可持续利用与经济可持续发展，生态经济倡导以尽可能小的资源消耗和环境成本获得尽可能大的经济和社会效益。而城市土地集约利用则将城市视作一个生态经济系统，通过城市土地的空间布局与结构优化，在不增加城市用地总量的前提下，提高单位面积土地上的社会经济和生态环境效益。

生态经济所要求的资源高效利用必须依靠科技进步、产业升级以及制度创新提高单位要素的产出率来实现；而以充分挖掘城市土地潜力，获得土地最佳综合效益为目标的城市土地集约利用则依赖于技术创新以及产业结构的调整。二者在发展过程中均需要技术、产业以及相关法律政策的支撑。

二 相互作用关系

城市土地集约利用是发展生态经济的必然结果，发展生态经济是城市土地集约利用的外部推力，二者作用机理如图6-1所示。在中国经济步入新常态的背景下，城市土地作为一种稀缺资源，对城市发展的刚性约束日趋凸显。这必然要求城市土地利用在经济上可行，在环境上可接受。遵循生态经济的土地集约利用有助于提高土地利用的生态效益，实现土地的可持续利用。通过发展生态经济促进产业结构优化，实现区域内的规模经济，达到产业的空间集聚，从而推动城市土地集约利用水平的提高。

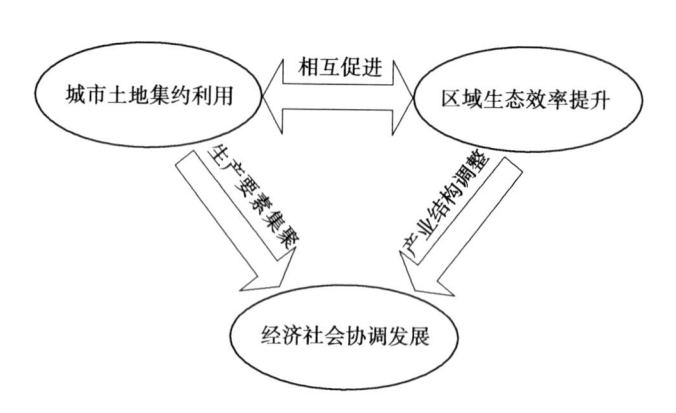

图 6-1　城市土地集约利用与生态经济发展相互作用机理

发展生态经济有助于形成资源节约型的生产方式。生态经济遵循的资源减量化原则有利于实现土地资源的总量控制，通过合理调整土地规划与城市规划，可实现土地管理的科学性；生态经济的资源再利用原则对盘活城市存量用地、提高土地利用效率、促进城市土地集约利用有重要的现实意义；生态经济的资源再循环原则为优化土地利用结构、合理配置城市用地提供依据。

第四节　实证研究

一　区域生态效率水平测度

运用 DEA Solver Pro5.0 软件计算得到中国 30 个省份 2004—2015 年的区域生态效率（见表 6-1）。样本期内，全国区域生态效率呈现改善—恶化—改善的波动趋势。DEA 有效单元数表现出先减少后增加的趋势，由 2012 年的 7 个增加为 2015 年的 8 个。

北京、天津、上海、江苏、浙江、福建、广东一直在生产前沿面上，远离前沿面、生态效率较低的地区也基本一致，主要位于西部地区。从投入产出来看，区域发展投入总量与非期望产出总量不协调的地区其生态效率较低，如辽宁的城市用水总量、工业 SO_2 排放量、烟（粉）尘排放量均高于全国平均水平，而宁夏、新疆 12 年间的地区生产总值产出水平则与全国平均水平差距较大。这直接导致了这些地区的生态效率相对较低。

表 6-1　　　　　　2004—2015 年各省份区域生态效率值

年份	2004	2005	2006	2007	2008	2009	2010	2011	2012	2013	2014	2015
北京	1.000	1.000	1.000	1.000	1.000	1.000	1.000	1.000	1.000	1.000	1.000	1.000
天津	1.000	1.000	1.000	1.000	1.000	1.000	1.000	1.000	1.000	1.000	1.000	1.000
河北	0.559	0.547	0.565	0.545	0.558	0.541	0.493	0.412	0.434	0.466	0.456	0.449
山西	0.353	0.364	0.379	0.344	0.347	0.351	0.300	0.287	0.274	0.260	0.263	0.266
内蒙古	0.290	0.299	0.308	0.292	0.307	0.308	0.308	0.273	0.268	0.278	0.273	0.276
辽宁	0.520	0.518	0.516	0.480	0.481	0.474	0.482	0.480	0.469	0.453	0.447	0.442
吉林	0.411	0.401	0.383	0.363	0.363	0.386	0.398	0.397	0.387	0.395	0.396	0.395
黑龙江	0.559	1.000	1.000	0.458	0.462	0.450	0.471	0.438	0.445	0.413	0.411	0.413
上海	1.000	1.000	1.000	1.000	1.000	1.000	1.000	1.000	1.000	1.000	1.000	1.000
江苏	1.000	1.000	1.000	1.000	1.000	1.000	1.000	1.000	1.000	1.000	1.000	1.000
浙江	1.000	1.000	1.000	1.000	1.000	1.000	1.000	1.000	1.000	1.000	1.000	1.000
安徽	0.547	0.509	0.503	0.487	0.478	0.451	0.435	0.441	0.475	0.461	0.463	0.465
福建	1.000	1.000	1.000	1.000	1.000	1.000	1.000	1.000	1.000	1.000	1.000	1.000
江西	0.427	0.425	0.491	0.468	0.450	0.449	0.442	0.433	0.431	0.426	0.443	0.446
山东	1.000	0.624	1.000	0.577	0.575	0.573	0.569	0.557	0.597	0.573	0.596	0.622
河南	0.629	0.568	0.566	0.511	0.504	0.491	0.473	0.465	0.457	0.451	0.455	0.461
湖北	0.533	0.528	0.557	0.535	0.536	0.508	0.501	0.470	0.459	0.451	0.454	0.453
湖南	0.444	0.420	0.459	0.457	0.482	0.499	0.443	0.461	0.453	0.466	0.466	0.468

续表

年份	2004	2005	2006	2007	2008	2009	2010	2011	2012	2013	2014	2015
广东	1.000	1.000	1.000	1.000	1.000	1.000	1.000	1.000	1.000	1.000	1.000	1.000
广西	0.354	0.334	0.363	0.387	0.397	0.365	0.408	0.415	0.415	0.392	0.399	0.398
海南	1.000	1.000	1.000	1.000	1.000	1.000	1.000	1.000	0.510	0.573	1.000	1.000
重庆	0.572	0.555	0.487	0.438	0.431	0.423	0.405	0.409	0.407	0.417	0.421	0.426
四川	0.474	0.479	0.502	0.500	0.487	0.465	0.451	0.450	0.493	0.471	0.478	0.483
贵州	0.270	0.255	0.279	0.261	0.267	0.271	0.257	0.265	0.250	0.243	0.245	0.253
云南	0.565	1.000	1.000	0.435	0.380	0.374	0.364	0.352	0.333	0.339	0.343	0.348
陕西	0.483	0.447	0.450	0.411	0.419	0.412	0.430	0.425	0.422	0.403	0.398	0.412
甘肃	0.268	0.282	0.280	0.275	0.273	0.268	0.258	0.252	0.243	0.239	0.245	0.243
青海	0.345	0.290	0.303	0.288	0.290	0.297	0.288	0.292	0.272	0.271	0.269	0.275
宁夏	0.144	0.124	0.126	0.126	0.147	0.124	0.117	0.127	0.117	0.122	0.123	0.122
新疆	0.323	0.304	0.303	0.256	0.258	0.239	0.221	0.217	0.196	0.180	0.177	0.176

资料来源：基于式（6.2）运用 DEA Solver Pro5.0 软件计算获得。

通过对位于前沿面上的省份进行分析发现，地区生产总值产出水平与地区的生态有效未必一致。四川、湖北、湖南2015年地区生产总值水平均高于福建，但生态效率水平远远低于福建。经济发展落后的地区通过合理调整产业结构、优化产出，依然可以达到生态有效。如2005—2006年云南一直位于生产前沿面上，其2005年地区生产总值总量还不到山东的1/5，但其生态效率水平却高出山东60%。可见，区域生态效率水平的高低不仅仅取决于经济产出水平。

基于SPSS19.0软件，对2004—2015年各省份区域生态效率的年平均值进行K-均值聚类分析，将30个省份生态效率分为Ⅰ等、Ⅱ等、Ⅲ等和Ⅳ等，结果如表6-2所示。从聚类结果可以看出，中国各省份生态效率的空间分布具有明显的地域特征。北京、天津、上海、江苏、浙江、福建、广东 7 个省份属于Ⅰ等；山东、海南属于Ⅱ等；河北、辽宁、吉林、黑龙江、安徽、江西、河南、湖北、湖南、广西、重庆、四川、云南、陕西 14 个省份属于Ⅲ等；山西、内蒙古、贵州、甘肃、青海、宁夏、新疆 7 个省份属于Ⅳ等，其生态效率最低。

表 6-2　　　　　　　　生态效率年平均值的聚类分析

类型	地区
Ⅰ等	北京、天津、上海、江苏、浙江、福建、广东
Ⅱ等	山东、海南
Ⅲ等	河北、辽宁、吉林、黑龙江、安徽、江西、河南、湖北、湖南、广西、重庆、四川、云南、陕西
Ⅳ等	山西、内蒙古、贵州、甘肃、青海、宁夏、新疆

二　土地集约利用与区域生态效率的一致性分析

结合第三章表 3-6 的结果可以发现，城市土地集约利用水平与区域生态效率之间存在一定的正向一致性。为使研究具有更加有效的区分度，将表 3-6 与表 6-2 的聚类结果进行如下划分：城市土地高度集约利用与较高集约利用类型合并为高集约类型，中度集约与较低集约类型合并为低集约类型；生态效率Ⅰ等和Ⅱ等合并为高生态效率类型，Ⅲ等和Ⅳ等合并为低生态效率类型。图 6-2 给出了 30 个省份城市土地集约利用水平与生态效率之间的一致性变化关系。

可以看出，全国多数省份城市土地集约利用水平与其生态效率之间表现出一致的变化趋势。高集约—高生态效率类型区

图中象限内容：

- 高集约—高生态效率：北京 上海 江苏 福建 天津 浙江 山东 广东
- 高集约—低生态效率：江西 河南 湖南
- 低集约—低生态效率：河北 辽宁 吉林 黑龙江 内蒙古 湖北 广西 重庆 四川 云南 陕西 山西 安徽 贵州 甘肃 青海 宁夏 新疆
- 低集约—高生态效率：海南

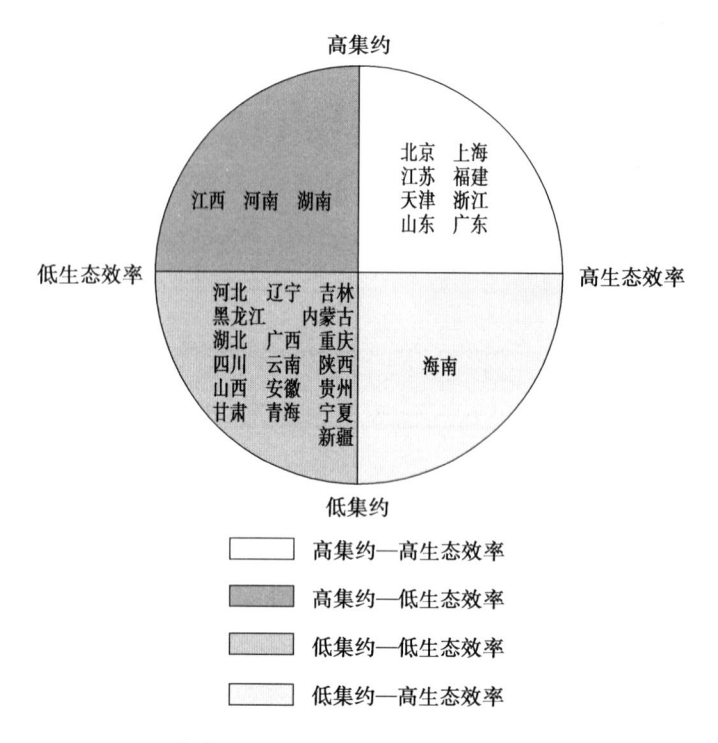

图 6-2　城市土地集约利用水平与生态效率一致性变化

域有 8 个，全部位于东部沿海地区。低集约—低生态效率区域共有 18 个，占全部考察省份的 60%，且主要以中西部地区为主，说明当前中西部地区以牺牲环境、浪费资源、粗放发展为代价换取经济发展的现象比较普遍。高集约—低生态效率类型区域为中部地区的江西、河南、湖南 3 省；海南省为低集约—高生态效率类型区域。上述 4 省份城市土地集约利用水平与生态效率水平呈现负相关，土地利用的集约程度与生态效率变化并不一致。

三 土地集约利用与区域生态协调发展关系分析

根据第四章测度的城市土地集约利用水平值（见表4-4）和前文测度的区域生态效率值（见表6-1），利用TOPSIS算法得到2004—2015年中国各省份城市土地集约利用与区域生态协调发展水平测度值（见表6-3），在此基础上进一步分析二者协调发展的时空特征。依据K-均值聚类并结合各地区经济社会发展实际状况，将样本区域分为四类：低度协调（0—0.3）、中度协调（0.3—0.5）、较高协调（0.5—0.7）以及高度协调（0.7—1.0）。

表6-3　　　　　　2004—2015年中国省际协调水平测度值

年份	2004	2005	2006	2007	2008	2009	2010	2011	2012	2013	2014	2015
北京	0.770	0.882	0.895	0.796	0.739	0.714	0.877	0.926	0.879	0.881	0.887	0.919
天津	0.653	0.748	0.764	0.662	0.737	0.721	0.710	0.763	0.832	0.841	0.847	0.856
河北	0.450	0.557	0.579	0.540	0.567	0.601	0.595	0.622	0.567	0.569	0.575	0.582
山西	0.300	0.377	0.417	0.365	0.346	0.371	0.330	0.356	0.326	0.331	0.342	0.342
内蒙古	0.201	0.289	0.278	0.288	0.314	0.358	0.312	0.309	0.318	0.321	0.329	0.337
辽宁	0.641	0.634	0.657	0.604	0.671	0.707	0.698	0.707	0.545	0.602	0.613	0.632
吉林	0.323	0.329	0.340	0.290	0.294	0.299	0.281	0.307	0.264	0.274	0.279	0.286
黑龙江	0.608	0.529	0.505	0.487	0.517	0.538	0.572	0.589	0.608	0.623	0.632	0.643
上海	1.000	1.000	1.000	1.000	1.000	1.000	0.990	0.900	0.901	1.000	1.000	1.000
江苏	0.690	0.730	0.778	0.703	0.834	0.831	0.886	0.895	0.857	0.864	0.882	0.901
浙江	0.679	0.725	0.743	0.738	0.792	0.788	0.780	0.797	0.818	0.825	0.834	0.848
安徽	0.346	0.369	0.343	0.425	0.468	0.455	0.483	0.500	0.478	0.483	0.487	0.498
福建	0.732	0.838	0.840	0.753	0.842	0.883	0.911	0.893	0.905	0.916	0.932	0.939
江西	0.333	0.476	0.516	0.459	0.427	0.487	0.526	0.553	0.512	0.539	0.542	0.556
山东	0.693	0.784	0.802	0.745	0.817	0.829	0.834	0.859	0.846	0.861	0.869	0.878

续表

年份	2004	2005	2006	2007	2008	2009	2010	2011	2012	2013	2014	2015
河南	0.499	0.564	0.578	0.553	0.536	0.542	0.491	0.483	0.470	0.484	0.494	0.521
湖北	0.435	0.471	0.491	0.494	0.568	0.514	0.587	0.566	0.530	0.547	0.558	0.567
湖南	0.372	0.460	0.484	0.484	0.462	0.450	0.521	0.542	0.525	0.538	0.543	0.561
广东	0.678	0.635	0.683	0.642	0.675	0.700	0.717	0.737	0.756	0.771	0.782	0.823
广西	0.253	0.341	0.315	0.376	0.333	0.325	0.362	0.382	0.400	0.423	0.439	0.446
海南	0.645	0.685	0.604	0.602	0.681	0.707	0.730	0.792	0.508	0.602	0.634	0.732
重庆	0.404	0.463	0.418	0.366	0.438	0.483	0.472	0.516	0.463	0.473	0.485	0.521
四川	0.347	0.459	0.468	0.546	0.533	0.535	0.565	0.551	0.530	0.548	0.563	0.567
贵州	0.272	0.434	0.416	0.248	0.318	0.285	0.214	0.268	0.237	0.245	0.269	0.329
云南	0.398	0.705	0.703	0.387	0.365	0.355	0.359	0.345	0.369	0.376	0.384	0.397
陕西	0.399	0.508	0.523	0.520	0.531	0.560	0.546	0.535	0.524	0.537	0.542	0.558
甘肃	0.120	0.210	0.230	0.168	0.131	0.135	0.147	0.144	0.129	0.139	0.146	0.159
青海	0.206	0.283	0.262	0.305	0.253	0.254	0.252	0.307	0.352	0.361	0.373	0.379
宁夏	0.000	0.000	0.000	0.000	0.051	0.063	0.129	0.136	0.059	0.081	0.085	0.103
新疆	0.204	0.257	0.230	0.146	0.152	0.137	0.129	0.123	0.137	0.142	0.153	0.189
平均	0.455	0.525	0.529	0.490	0.513	0.521	0.533	0.547	0.521	0.540	0.550	0.569

资料来源：基于TOPSIS方法，运用Matlab（2009b）软件计算获得。

从协调水平的高低来看，2004—2015年全国城市土地集约利用与生态经济协调发展水平平均值为0.524，协调性水平还有很大的提升空间。从协调类型的演变来看，2004—2012年大部分省份属于中度协调和较高协调类型，低度协调与中度协调省份数量呈现上升趋势，较高协调省份则呈现波动中减少的趋势。

从协调性变化趋势来看，样本期内土地集约利用与生态经济的协调发展状况呈现一定的波动性，但总体上提升显著。2007年和2012年这两个节点之后协调水平均有上升，这两个节点分别为"十一五"和"十二五"规划实施的第二年，新的发展规划的实施在促进生产要素的合理配置，促进经济社会的协调发展方面效果明显。2007—2011年，这一阶段经济发展速度较高，环境污染控制力度开始加强，协调程度较好；2012—2015年，这一阶段全国城市建设用地扩张速度开始放慢，城市发展更加注重生态建设，协调水平呈现上升趋势。

从空间分布来看，东、中、西依次递减的格局明显，高度协调类型的地区主要分布在东部沿海经济发达地带，较高协调和中度协调类型的地区主要分布在中部和东北地区，低度协调类型的区域主要分布在西部地区。

综上可知，全国城市土地集约利用与生态经济发展的协调性区域差异较大。由于区位条件、经济发展水平的不同，加之不同的区域发展政策与定位，必然导致二者协调发展的差异。随着区域经济一体化的深入发展，不同区域必须实行差别化的土地调控与环境管理政策，以促进区域经济社会的可持续发展。

第五节 本章小结

在界定城市土地集约利用与生态经济协调发展内涵的基础上，基于TOPSIS方法，构建协调性测度模型，分析2004—2015年中国省际协调发展水平的时空分异特征。结论如下。

（1）区域生态效率在波动中呈现下降趋势，全国生态经济发展的极化效应明显。东部沿海地区生态效率与地区生产总值产出水平并不一致。合理调配城市的投入产出水平有助于区域生态效率的提升。聚类分析表明，东部沿海经济发达地区生态效率普遍较高，西部地区生态效率相对较低，生态经济状况有待改善。全国多数地区生态效率水平与城市土地集约利用水平变化具有一致性，但低集约—低生态效率类型区域较多，主要位于中西部地区。

（2）中国省际协调发展水平均值在 0.5 左右，仍有较大提升空间。中低度协调省份数量占比 46% 左右，说明当前提升土地利用与生态经济发展协调性的任务艰巨。协调发展关系表明，土地集约利用与生态经济发展之间的协调性有待加强，二者协调发展趋势与土地集约利用水平的变化一致，说明土地集约利用状况的改善可以提高城市土地利用的生态效益，二者之间的协调发展对改善城市生态环境具有积极作用。

第七章

中国城市土地集约利用的经验与提升策略

针对当前中国城市土地集约利用的状况，结合前面的实证分析结果，本章对典型国家和地区城市土地利用方面的经验进行总结，然后提出具有较强针对性与可行性的策略与建议，以期进一步提高新型城镇化时期的城市土地集约利用水平。

第一节 国内外城市土地集约利用的经验借鉴

一 美国的城市土地利用

美国的城市土地集约利用主要是根据"精明增长"理念，通过完善土地开发与利用规划，设置多种城市增长管理计划与控制工具，设定城市的增长边界，规范城市的紧凑发展。"精明增长"理论从住房、社区规划、建筑设计、城市生态、经济发展以及社会公平等方面确立了城市增长管理的 10 条原则。

美国土地管理采用的途径主要是区划制,在没有全国统一的土地利用总体规划的情况下,各州通过制定自己的土地利用规划保证土地利用的有序进行。这些土地利用规划相互结合,根据不同的用地层次可以分为土地利用规划、土地分类规划、具体的文字政策规划以及相关开发项目的管理计划。土地利用规划主要是系统的未来设计,主要包括城市的商业、居住以及公共用地等方面的长期规划,往往与城市发展的社会、环境等问题相结合;土地分类规划主要是针对城市的不同区域或者功能分区进行的规划,明确了发展区、限制发展区以及非发展的界限;文字政策规划则是对图纸规划的有效补充;项目管理计划侧重于计划的具体实施,时效较短,如特定地段的再开发计划、城市基础设施的用地计划等。

美国土地管理政策的宗旨从控制、引导和配套三方面出发,统筹实现城市土地的集约利用。控制方面主要是通过实行建筑总量许可控制,鼓励集束分区,设定城市增长边界,控制城市的无序扩张;引导方面主要是通过引导相关主体购买开发权,保护耕地;通过激励分区规划,增加城市公共空间与容积率;引导公共资本参与旧城改造,激活旧城土地市场;配套方面主要是通过特定的土地开发税收支持公共设施建设,采用相关法规强制土地开发主体配套经济适用房(Affordable Housing)或者公共服务设施等。

二 日本的城市土地利用

日本在解决城市发展与土地资源紧缺的矛盾方面有着丰富

的经验,形成了以《国土利用计划法》为基础的完善的土地管理制度,其在城市土地利用与生态建设方面的经验为中国城市土地集约利用提供了许多参考。

为破解土地投资过热造成的社会问题,日本于 1974 年出台了《土地管理计划法》,将土地利用的计划与管理纳入法制化轨道,并以此为基础完善城市开发、城市建设用地、住宅用地的相关制度。这一系列法律法规规范了城市土地的合理利用,保证了城市土地的有序开发。在完善法律法规的同时,进一步调整和优化城市空间布局,使交通拥挤、住房紧张、建筑物密集的问题得到缓解。

针对中心城市相对密集的状况,日本通过建设副中心,分解中心城市的压力,在原有城市空间的基础上,进行立体化发展。在旧城改造上则通过配套教育、卫生等设施疏导人口,优化布局。另外,城市近郊新建设施完善的新城也为旧城改造发挥了重要作用。针对工业用地,日本通过立法严格控制工业用地面积,并通过税收和经济优惠政策吸引工业用地外迁,采取建立工业园区的方式集中空间工业用地。针对城市化引发的"热岛现象"等问题,日本采取土地规划与生态规划相结合的方式,以土地的合理布局进行生态城市建设,并通过市中心的住房建设项目实现居住办公的一体化来改善早晚的交通状况。

三 英国的城市土地利用

英国建立了一系列包含土地产权保护、征用制度以及公众监督在内的措施,保障城市土地的有序合理利用。

在规划制定方面，依次编制中央、区、郡和市规划，通过规划之间的控制与协调，保障土地长期需求与近期利用的平衡。论证严谨的规划加上强有力的调控，为英国土地的节约集约利用奠定了基础。

在土地分类管理方面，严格规范土地用途，注重土地内部挖潜，保障绿化用地面积。通过赋予土地开发规划法律效力，规范土地开发活动，英国政府规定新建住宅总量的60%要在存量土地上进行。旧城改造方面，要在尽量保留原貌的基础上，通过改造建筑内部空间，转变建筑功能，在保护历史遗产的同时，又满足了社会经济发展的用地需求。工业废地方面，成立专门的土地开发机构，如"废弃地复兴援助"等，鼓励相关主体对废弃地进行改造治理，保证了存量土地的合理利用，遏制了城市外延的无序扩张。

在土地征用方面，英国政府具有强制征购权。政府可以根据公共需要，强制征购、调配土地以用于特定项目的开发，为公共设施提供价格合理的用地，这降低了公共建设用地的使用成本，为旧城改造与公共基础设施建设节省了资金。

四 中国香港的城市土地利用

香港是中国的特别行政区，其多元用地模式成功解决了城市发展与土地资源匮乏之间的矛盾，使香港成为土地集约利用的典范。

在规划方面，通过三级规划配置商业开发与基础设施用地，对土地利用的建筑密度与形态、城市设施与配套进行整合。城市规划坚持优化利用每一块土地的原则。基于集聚建设、立体发展、混合集约与天空城市（黎孔清和陈银蓉，2010）的理念，保证土地的多元化集约利用。基于香港多丘陵山地的特点，形成了高密度、多设施、高强度的集聚利用模式，从而在有限的土地空间上拓展出尽可能多的服务。

在法律法规方面，形成了从规划、批租、开发、交易到收回的一套完整的法律法规程序，保证土地的高效、集约利用。香港政府通过土地的政府所有权限制土地的所有权的转让，通过建立专门的土地交易、协调机构，保证了土地执法的力度，维护了土地交易秩序，形成了规范的土地交易市场。另外，香港的土地规划程序公开透明，做到了民主决策与公众监督相结合，能够避免规划制定的盲目性。

第二节　中国城市土地集约利用的经验与问题

作为绿色发展的重要路径，土地节约集约利用已成为当前中国新型城镇化的战略选择。国土资源部把推进资源节约集约利用作为国土资源管理的一条主线，强化顶层设计，健全体系标准，将节约集约用地推进到更大范围、更宽领域和更深层次。各地区在推进国土资源节约集约利用行动计划时，也形成了具有地方特色的典型经验与先进做法，为创新中国土地资源管理提供了经验借鉴。

一　江苏省土地集约利用的经验与问题

江苏省在用地模式上通过理念创新、机制创新与手段创新，开展了以节地水平和产出效益为目标的"双提升"行动计划，开辟了东部地区节约集约用地的新局面。

（一）经验与模式

1. "产城联动"模式

由于历史、政策等多方面的原因，江苏各区域发展存在显著不均衡，苏南土地资源相对紧张，苏北与之相反。江苏省主要基于产业转移和区域发展为目标，全方位提高全省土地利用效率。一是培育欠发达地区的增长极。政府有意识地向欠发达地区转移产业或者是培育增长极产业，利用乘数效应，推动苏北欠发达地区发展。二是延长产业链。产业链涉及上游供应商、下游消费者以及产业链上的相关主体。产业链越长，相关群体也越多。产业链的深化能激活更多的区域生产要素，形成更多的供需循环，大大增加资源利用效率。三是发达地区及时地调整和升级经济结构。苏南是江苏省发达区域，一些劳动密集型、环境破坏型、资源依赖型等落后产业要及时转移或升级，否则带来经济成本、环境成本、行政成本的不断上升。因此，区域产业联动是提升区域整体效率的关键因素。最后是统筹利用新增用地。利用新增用地的同时需考虑闲置土地、城市与农村整理土地、区域异地开垦土地置换。如果能将后三类土地考虑与当年的新增土地一起统筹利用，可以提升利用效率。

2. 市场微观主体的"保权保利"模式

江苏省土地集约利用的潜力大，但是实践中的效果不佳。主要原因是，一方面土地使用者对土地的管理权有限，土地利用方式的变更均需要政府相关部门同意，另一方面土地集约利用具有外部性，使用者无法享受由此带来的收益。破除以上两方面的"瓶颈"即保全保利。这一模式并非否定政府的管理，而是在政府把控土地宏观用途的基础上，微观主体根据实际情况使用土地。江苏省开展了一系列的土地集约利用典型研讨会，鼓励土地因地制宜的制度创新，还将土地使用过程中税费调节结合起来，将土地集约利用的外部性收益内部化。

3. 法律、政策和制度调控为中心的"五结合、一统一"模式

当前土地集约利用缺乏相应的制度供给。土地利用过程中，往往是由政府单方面主导，没有体现出政府的社会服务功能和宏观调控功能。因此，江苏通过制度创新，消除土地利用中的单向性问题，实现政府对土地集约利用管理的"五结合、一统一"即政府管理与民众监督相结合、流转的集体建设用地与城市建设用地相结合、建设用地出让与回收相结合、经营性土地的市场配置与政府调控相结合、土地的经济效益与社会效益相结合。

（二）面临的问题

1. 土地产权

在居民点整理过程中发生的所有权转移，涉及产权变更。由于农村是集体土地，所有权归集体，农民住宅不具备"两证"，农户住宅无法进入市场进行买卖、抵押等商业化运作。产权的不确定性，导致农民没有安全感，势必造成农民的抵触心理，进而影响农村居民点整理。所以，农民住宅土地性质、使

用权证书、产权证书等问题亟待解决。

2. 财政资金

农村居民点整理成本较高，资金缺乏时常出现。资金来源主要是政府财政支出，依靠市场力量筹集的资金所占比例较小，因此政府的支持力度是项目能否顺利进行的保障。如何拓展资金来源成为制约农村居民点整理的一个重要因素。

3. 旧城改造

江苏在旧城改造中的模式并未创新，仍然沿用了一些固有模式，比如强拆、土地收购、商品房持有开发建设、市区企业退二进三等。尽管在一些层面有些创新，比如合作开发模式，但是受到政策制约，也没有政府支持，没有推广。在旧城改造中仍遵循全部推倒重建、"一刀切"等模式，盲目建设问题严重。

4. 开发区建设

总体上看，江苏开发区土地集约利用中的主要问题是，区域联系性不高，存在"飞地"，无法形成规模效益；无法支持产业成链，未起到积极引导作用。在开发区土地的存量开发中，苏南、苏中和苏北三区域平均开发率均低于80%，平均利用率低于55%[①]，土地利用率比较低，因此在存量挖掘中关键是提高土地利用效率，从全省来统筹规划土地利用，经济效率和生态效率并重。另外，在产业设置上未充分考虑产业链条化，产业设置不合理，该转移的产业仍然保留，应该去除的产能仍然扩

---

① 曲福田、姜海、欧名豪等：《江苏省土地集约利用研究》，社会科学文献出版社2008年版。

大生产。产业转移效率低，全省产业链没有优化。在开发区招商门槛上，着重强调了"无新增土地招商"。虽然这一制度带来了显著的正面效应，减少了土地投入，但是已有企业在开发区土地利用中仍存在生产效率低、产能过剩、只注重经济效率而忽视生态效率等问题。

二 湖北省土地集约利用的经验与问题

湖北省是全国首个国土资源节约集约示范省创建试点省份。通过土地供给侧结构性改革，结合"一带一路"建设、"长江经济带"发展战略的推进，湖北省通过土地市场化配置、工业节约用地管理、土地批后监管等一系列节约集约用地举措，形成了较为全面的节约集约用地制度体系，出现了一批具有湖北特色的节约集约模式，如以十堰市茅箭区、张湾区"工业梯田"为代表的山区节地模式，以崇阳县"节约集约用地超市"为代表的城镇节地模式，以沌口经济开发区"非生产性设施共享"为代表的开发区节地模式，以钟祥市"迁村腾地""增减挂钩"为代表的农村节地模式。

（一）经验与模式

1. 推进城乡建设用地增减挂钩节余指标流转与使用管理

通过建立节余指标台账与交易平台，对全省增减挂钩节余指标进行统一管理，引导节约指标合理流转，显化土地级差收益。

2. 加强拆旧复垦监管

通过评定建新占用耕地和拆旧复垦耕地的质量等级，对拆旧复垦耕地进行严格审核验收，确保实施扶贫开发及易地扶贫搬迁后耕地数量有增加、质量有提高。

3. 城镇建设用地增加同吸纳农业转移人口挂钩

根据农村人口转移变化和新型城镇化发展，通过土地利用总体规划和土地利用计划等，合理配置城乡建设用地，构建区域协同、城乡一体平衡发展格局，提高节约集约用地水平，实现人地和谐。

（二）面临的问题

1. 各地区城市土地节约集约利用水平不均衡，地域分化明显，各地区单位生产总值地耗下降存在较大差异

从单位生产总值地耗绝对规模来看，武汉在全省排名第一。2014年湖北省有6个市（州）的单位生产总值地耗在2200—2850亩/亿元，是武汉市地耗规模的5—7倍。

2. 土地利用粗放、闲置低效的现象依然存在

根据监管系统统计结果，全省2007—2015年共有新增疑似闲置土地2231宗，面积13181.27公顷，节约集约用地任重道远。

3. 考核办法有待进一步完善

各级考核在上报时间、统计口径、可比价方面存在不一致，客观上增加了考核的难度，需要改革完善。

三 重庆市土地集约利用的经验与问题

重庆市以"地票"制度助力城乡一体化的发展。地票制度

在保障土地安全的前提下盘活了土地存量,实现了市场方式配置土地资源。为推动这一制度的运行,重庆市先后出台了 58 个政策文件和 12 个技术性文件,规范了复垦、验收、交易、使用各环节,形成了一个相对完善的地票制度体系。地票制度实施过程中面临一些问题也收获了一些经验。

(一) 经验与模式

推广地票制度。地票制度利用市场手段,减小城乡土地收益的差异,农村居民与城市居民共享城市土地增值的收益,有利于农民融入城市,也有利于提升城市的发展空间。继续完善城乡统一的建设用地市场。以土交所为平台,探索在规划和用途管制下农村集体建设用地进入市场的办法,实现与国有土地同等入市、同权同价机制。探索建立国家、集体、个人土地增值的收益分配机制。

(二) 面临的问题

1. 发展阶段与经济实力的制约

重庆在人均地区生产总值不足 4000 美元的基础上开始实施城乡统筹规划和土地集约利用,虽然目前人均地区生产总值达到 6000 美元,但是政府统筹能力仍然薄弱,区域发展不协调,城乡二元结构明显,土地资源配置协调能力不强。

2. 虽然相关文件强调了对农民土地权利的保护,但是未落到实处

相关法律严重滞后,不具有操作性,特别是在集体建设用

地的流转、参与非农建设、宅基地使用与收益、农户与集体经济组织在土地流转中的角色、土地征用和补偿标准等方面缺乏可操作性。

3. 土地立法相对滞后

随着土地制度的改革，土地使用的很多问题需要上位法的支撑，地方改革的积极性正在减退，各种矛盾也越来越多。

第三节　中国城市土地集约利用优化与水平的提升

由于中国各区域在土地资源禀赋、经济发展水平等方面的差异，地区间城市土地集约利用水平存在很大差异。第四章和第五章的实证分析，说明不同因素对各地区城市土地集约利用水平及其收敛趋势的影响机理也各不相同。因此，针对不同地区，应该实行差别化的土地管理政策。各地区要结合自身在"十三五"时期节约集约用地目标，制定相应的城市发展政策，快速提升本地区城市土地集约利用水平，并缩小区域间和区域内部的用地水平差异，在实现均衡发展的基础上，顺利完成单位生产总值建设用地使用面积降低20%的总目标。

一　改进土地管理模式，推动区域协同治理

在城市发展过程中，要实现对土地的集约化使用，首先有赖于对城市的精细化管理。前文中对不同区位、不同城市的分析表明，中国的城市土地管理还存在很多问题，典型地反映为精细化管理不足。在"城市病"等诸多问题背后，实质上是既

有的城市土地管理思路与土地管理模式出了问题，或者跟不上城市发展的需要。这个不改变，无论城市的土地资源供应量有多大，都无法从根本上解决问题。要改进城市土地管理模式，关键是要将土地集约利用的思路执行到位、贯彻到位。为此，管理部门必须首先改进城市土地管理模式。

当前，国家正在大力推进城镇化战略，城市发展正在迎来一轮新的契机。在这个契机中，总结经验、反思教训，必须改变土地粗放管理的模式，努力提高土地的集约化利用水平。这既体现了国家的政策要求，也符合中国的实际国情。国家新型城镇化战略即反映了这一思路。在管理部门执行方面，各级国土资源管理部门要以城市土地集约化开发和利用为重要导向，通过有效而严格的宏观调控，确保城市土地的供给、开发、管理更加精细化、集约化。为此，有必要匹配以相应的法律法规和规章制度，以适应不同层面、不同范畴、不同用途的土地开发利用需求，做到有法可依、有据可循。

加强区域合作也可以成为有效的思路。根据第三章和第四章的分析，区域之间的土地集约利用行为存在明显的空间相互作用，并且经济发展水平对区域之间的相互作用具有正向影响。因此，区域之间应当加强经济发展经验的借鉴与分享，共建合作平台，共享信息技术，在加强经济一体化的同时，构建区域土地利用与管理的协作机制，共同推动区域土地节约集约利用。

二 优化城市规模开发，改进土地利用规划

城市发展，规划先行。改进城市规划水平，是促进城市有

序发展、提升城市土地利用效率的直接途径。城市发展的规划布局要平衡旧城改造与新区建设的矛盾，在保证城市生态环境的基础上，提高城市土地利用效率。为此，管理部门不仅要改进土地管理模式，更要具体改进城市规划。

城镇化战略，将会刺激中国迎来新一轮巨大的城市用地需求。土地开发，盘活存量和扩大增量是两个方向。一方面，城市中心地区要让位商业、服务业，以盘活存量用地。另一方面，城市外围地区要配套完善的设施，促进新区发展。要根据城市定位和区域土地资源禀赋设定城市用地指标与城市建设标准，避免城市规划贪大、求全，确保规划时效的长期性，推动城市发展向产城融合与职住平衡转型。

改进城市规划，既有赖于管理部门的具体部署执行，更有赖于社会各方面的积极参与。管理部门在确定城市土地规划方案时，要贯彻方案投标竞争和互评机制，以利于采纳的方案在执行后最符合预期、风险最小。规划咨询机构要努力提高城市规划建设的能力与水平，打造更加专业的专家队伍，开展更加扎实全面的城市调研，注重交流合作，广泛学习区域内外、国内外城市规划的案例经验与教训，使城市规划工作更有成效。要充分利用高校、科研院所等力量，打造专业性的智库机构，既提供专业的理论支撑，又给予切实有效的城市规划咨询建议。

从长远来说，城市土地规划还有赖于公众的全面参与。应充分利用媒体、教育等各种途径，提高公众对土地集约利用的高度认同感、参与感和责任感，以规范公民的土地使用行为，增强公民的监督意识。在互联网传播高度发展的今天，这也有望成为提高中国城市土地集约利用水平的一项重要选择。

三　调整土地供需关系，推动产业结构升级

要提升中国城市土地集约利用水平，根本上还要处理好土地的供需关系。当前中国多数省份的土地资源禀赋难以支撑现有的经济发展方式，要通过经济发展方式由粗放型到集约型的转变，实现经济社会的协调发展。目前广泛存在的土地供需两侧的不平衡、不匹配，是导致土地集约利用水平普遍不高的重要原因。比如，大量第二次产业和传统经济业态的聚集，导致在一个地理区域内的土地单一用途比例过高；人口居住需求与城市规划的错位，也导致了就业、交通、产业等的系统性失衡。

根据第四章和第五章的分析，产业结构对中国城市土地集约利用水平具有显著的正向促进作用，但对城市土地集约利用水平的收敛具有抑制作用。因此，地方政府可以根据区域产业结构调整的相关政策，充分发挥土地配置资源的宏观调控作用，对投资强度大、科技含量高、产业层次高的产业，给予相关价格优惠，用价格调节产业用地水平。

通过产业结构调整优化城市土地的利用格局，就是要依据规划上的布局集中、发展上的产业集聚和效益上的用地集约的原则，结合城市化的布局政策，引导人口城镇化、居住社区化、产业园区化，以实现土地资源的高效配置和节约集约利用。通过对"退二进三""退城入园"的企业给予在建设用地利用方面的优惠措施，推动工业用地的集中成片管理，从整体上优化城市土地利用格局。

分产业来看，第二产业要通过严格控制单位生产总值建设用地面积，抑制粗放型用地企业的规模扩张与建设，逐步淘汰落后产能，大力发展高技术制造业，最终降低第二产业的整体比重；第三产业要注重产业内部的层次与质量，对交通运输、仓储等用地进行合理配置，对"高精尖"的研发类高技术产业优先支持。另外，产业结构调整的过程中，要注意通过差别化的用地政策，保障节地型企业、节地型产业以及节地型城市的用地需求。

四 大力发展"新经济"，推广节地"新技术"

随着中国经济发展和科技手段水平的不断提升，城市土地集约化利用将越来越容易实现。其中，大力发展新经济发展便是一项有效的措施。

新经济形态，如"循环经济""低碳经济"，具有土地占用小、土地利用少、资源消耗低等特征，近年来得到社会的广泛认可。大力发展新经济，一方面，可以提高城市土地资源"存量"的使用效率。通过传统产业升级改造，实现土地规模化经营，并有效集聚人口和经济产值，带动老城区发展动能转换；另一方面，还可以提高城市土地资源"增量"的开发水平。通过大力发展新型产业，实现新开发土地的新产业集聚，不仅能够创造新的经济增长极，也能打造更具活力的城市卫星城。

技术对土地的替代作用是城市土地集约利用的一个重要方面。城市土地的立体利用、空间利用离不开集约用地技术的支持，要结合产业、规划，鼓励技术向城市容积率、建筑密度等方面转化，为城市用地纵向发展提供保障。一方面，要在生态环境许可的条件下，促进未开发用地（包括荒滩、低丘、盐碱地等）利用技术的推广。另一方面，要建立集约用地技术的激励机制，对优于容积率设定标准的项目给予税收、资金方面的优惠政策，可根据项目建设对地下空间的利用情况和地上建筑的分层情况，在土地使用权出让价格等方面给予补贴，在超层数量上给予奖励等。以山东省潍坊市滨海经济开发区为例，针对建设国家特色产业园区的目标，该地区出台对高层高档商务楼高于20层的，实行分段分层的奖励政策。

五 强化集约用地考核，推动差别化管理

在土地开发利用过程中，还要加强用地考核和监督执法力度。相关责任单位要积极发挥作用，根据相关规定和有关要求，组织开展专项执法检查、土地使用情况督查等工作，并建立经常性的长效机制。

完善节约集约用地考核制度，建立城市土地利用评价考核机制。要根据不同层次的土地管理调控要求，从宏观、中观和微观层面制定不同层次用地、不同功能分区用地的集约评价方法。一方面，通过明确城市土地利用现状与集约潜力，为土地管理部门提供新增用地分配指标的依据。另一方面，针对低效用地，制定二次开发的有效措施。结合城市土地评价与考核奖惩制度，对在闲置土地清理、低效土地二次利用、用地下降目标完成较好的地区给予用地奖励与相关政策倾斜。

从全国来看，推行全国性的土地差别化管理是非常有必要

的，也将有力地促进区域用地与区域经济社会协调发展。土地资源禀赋高的地区要严格土地审批制度，有效遏制城市外延无序扩张，土地利用以盘活存量，内部挖潜为主。另外，土地资源禀赋高的地区可根据经济发展条件，通过工矿用地、工业废弃地的重新改造，吸引土地资源相对匮乏地区的产业落户。通过开发利用废弃地，不但拓宽了本地区建设用地空间，保障了新增建设项目不占新增建设用地，同时也提高了原有土地的产出效益。土地资源禀赋低的地区要借鉴香港、日本的经验，实行精细化管理，通过严控增量、盘活存量，提高土地投资强度与产出效益。

第四节　本章小结

在总结美国、英国、日本、中国香港等国家和地区城市土地集约利用经验的基础上，梳理中国典型地区土地集约利用的经验与存在的问题，并结合第四章和第五章空间计量模型的实证分析结果，从土地管理模式、土地利用规划、土地供需关系、土地利用技术和土地绩效考核五个方面提出了中国城市土地集约利用的提升策略，为新常态下中国土地管理提供建议。

第八章

研究结论

第一节 结论

　　城市土地资源的利用状况关乎城市发展的规模、形态与效率。城市土地集约利用本质上是各种资源按照市场经济规律对土地的一种替代作用，这种替代作用反映了城市土地利用行为与城市整体发展方向的一致性状况。另外，基于产业布局、区域规划等内容的城市空间布局形态又深刻影响着城市土地利用的空间结构。基于此，本书将空间效应纳入城市土地集约利用的测度框架，通过理论与实证分析研究城市土地利用的驱动因素、差异特征、协调水平，希望对城市土地管理模式、战略规划及相关政策的制定提供理论依据，并促进城市空间布局的优化和城市土地集约利用水平的提升。

　　本书分别从静态测度、动态比较、空间检验的视角测度了中国省际城市土地集约利用的水平，从宏观视角分析了城市土地集约利用行为的驱动因素及收敛趋势，并结合城市生态经济发展分析了土地利用与生态经济的协调水平。主要结论如下。

一　中国省际城市土地集约利用水平的变化与分布特征

从变化趋势来看，样本期内中国城市土地集约利用水平总体上呈现递增趋势，但后期涨幅逐渐变小。四大区域中，中部地区城市土地集约利用水平变化明显，增长幅度最大，东部地区则表现相对稳定，变化幅度最小。在空间分布上，中国城市土地集约利用水平呈现东部、中部、西部、东北逐步降低的分布格局，城市土地集约利用水平的空间集聚特征显著。东部沿海地区是城市土地集约利用水平的高值聚集区，东北的吉林、黑龙江和西部地区的甘肃、宁夏、新疆是城市土地集约利用水平的低值聚集区，较高集约和较低集约省份主要位于中西部地区。中国城市土地集约利用水平存在显著的正向空间自相关，关联程度呈先增强后减弱的特征。Moran 散点图分析也表明全国多数省份城市土地集约利用水平表现出相似的空间集聚性。样本期内，中国城市土地集约利用的空间相关性虽然发生了一定变化，但幅度不大，说明城市土地集约利用行为的这种集聚特征具有一定的路径依赖性。

二　中国省际城市土地集约利用水平的影响因素

基于省际城市土地集约利用的空间效应，采用空间面板数据计量模型对全国层面城市土地集约利用行为的影响因素进行分析。结果表明，土地资源禀赋、城市化水平对城市土地集约利用水平的提升具有显著抑制作用,说明全国大部分地区的城市化仍然没有摆脱粗放的土地利用模式,城市化推进过程中土地资源的诅咒效应明显;产业结构、R&D投入与经济发展水平则具有显著的促进作用,说明产业结构优化与调整、加大科技研发投入、增强区域经济实力是提高城市土地集约利用水平的有效途径。人力资本与中国城市土地集约利用水平呈正相关关系,但影响不显著。建立面板数据模型对四大区域进行计量分析,结果表明,不同区域城市土地集约利用水平具有不同的影响因素和影响强度。经济发展水平对东部、中部和东北地区城市土地集约利用水平均具有显著正向促进作用,说明经济实力的增强有助于上述地区城市土地利用与管理技术的改进,西部地区由于经济结构相对单一,技术水平较低,城市发展以外延扩张为主,这严重制约了城市土地集约利用水平的提升;产业结构对东部城市土地集约利用水平具有显著抑制作用,对中部和东北地区则具有显著促进作用,说明东部地区产业结构的层次和质量仍需提高,中部和东北地区承接产业转移和结构优化的效果显著,西部地区则要注重产业发展的综合效益;R&D投入对东部地区城市土地资源的替代效果明显,中西部地区仍需加大研发的力度;同全国范围的计量结果一样,城市土地资源禀赋和城市化水平抑制了四大区域城市土地集约利用水平的提升,城市化的内涵发展要求迫切。

三 中国城市土地集约利用水平的区域差异与收敛特征

威尔逊系数表明,全国范围内城市土地集约利用水平的区域差异呈现缩小趋势。其中，西部地区威尔逊系数最大，东部地区最小。除西部地区外，其余地区威尔逊系数下降明显，城市土地集约利用水平均呈趋同化趋势；西部地区威尔逊系数则在波动中略有下降。泰尔指数的分析结论与威尔逊系数大体一致，西部地区泰尔指数最大，东部次之，东北第三，中部最小。中国城市土地集约利用的组间差异与组内差异均在缩小，组间差异对总体差异的贡献更大，说明中国东部、中部、西部以及东北四大区域间的均衡化发展程度正在加强。与均衡性变化趋势相反，中国城市土地集约利用的空间极化特征明显，且具有不断加强的趋势。空间收敛性分析表明，中国城市土地集约利用水平存在显著的绝对 β 收敛趋势，说明落后地区城市土地集约利用行为的追赶效应明显。在一定的经济条件下，各地区城市土地集约利用水平具有条件 β 收敛态势，人力资本、经济发展水平对促进城市土地集约利用水平达到各自的稳态水平具有促进作用。

四　省际城市土地利用与生态经济协调发展水平分析

为与城市土地集约利用的测度形成指标上的互补，对各省区生态效率进行评价，并基于 TOPSIS 方法构建协调度模型，对省级层面的协调发展特征进行分析。结果表明，东部地区协调水平最高，中部和东北地区次之，西部协调水平最低。协调发展趋势同城市土地集约利用的变化一致，但是二者的协调状况有待加强，说明土地集约利用状况的改善可以提高城市土地利用的生态效益，二者之间的协调发展对改善城市生态环境具有积极作用。在资源与环境双重约束下，土地资源开发利用与生态环境保护等的不协调都可能削弱区域间的协作效果，不利于城市发展相关政策的落实。今后要注重区域内部要素配置的协调与发展政策的合作，发挥土地调控对生态效率的促进作用。要在城市土地利用总体规划的基础上，结合区域性环保政策的实施，通过平衡区域间用地指标，既保障经济社会发展的土地需求，又着力解决经济发展与生态建设之间的矛盾。在政策制定上，要通过统一规划合理配置土地资源，通过完善资源环境税制、健全法规政策、促进三规融合等方式，有效调控城市开发的规模。同时，加强对环境污染物的监管，实现经济、社会、生态的有效融合与统一，并通过建立跨区域的生态环境补偿机制，调动各方生态保护的积极性，使区域间的发展更加均衡。

第二节　模型总结

本书的主要研究工作是在城市土地集约利用分析框架下，将空间效应嵌入水平测度、特征分析、影响机制、差异变化及协调发展分析子模块中，构建相应的分析测度模型，并结合实证结果分析提出中国城市土地集约利用水平的提升策略。

本书的主要模型总结如下：①通过引入纵横向拉开档次法赋权将"时间差异"与"空间差异"同时纳入测度过程，构建城市土地集约利用水平测度模型，使测度结果的区分度更高，以便分析土地集约利用的空间分布与时序变化特征；②鉴于城市土地集约利用水平存在显著的空间集聚特征，基于空间统计学方法和面板数据模型分别对系统的空间相关性与模型残差进行检验，提供空间效应存在的经验证据，为空间效应模型的引入奠定基础；③考虑到空间因素对被解释变量的影响方式与影响程度的不同，分别构建了两种空间面板数据计量模型，并通过完善模型的选择流程，对模型结果进行估计；④根据城市土地集约利用水平的时序变化特征，引入收敛性假说思想，基于空间极化指数与差异测度指数，构建城市土地集约利用水平差异特征分析模型，为空间极化特征及其演变趋势、空间收敛特征分析提供了技术支持，并研究了中国城市土地集约利用水平在不同初始条件下将达到的稳态水平；⑤为分析城市土地集约利用水平与生态环境的协调状况，基于逼近理想解排序方法构建协调性测度模型，将土地集约利用度与区域生态效率有机统一，为探讨二者的一致性变化关系奠定了基础。上述模型是将地理学第一定律应用在城市土地集约评价领域的一次有效尝试。

参考文献

曹文慧、赵小风、黄贤金等:《江苏省不同类型工业企业土地集约利用与影响因素》,《地域研究与开发》2016年第3期。

常青、王仰麟、吴健生等:《城市土地集约利用程度的人工神经网络判定——以深圳市为例》,《中国土地科学》2007年第4期。

陈军才:《主成分与因子分析中指标同趋势化方法探讨》,《统计与信息论坛》2005年第2期。

陈晓红、杨志慧:《基于改进模糊综合评价法的信用评估体系研究——以我国中小上市公司为样本的实证研究》,《中国管理科学》2015年第1期。

陈竹安、张立亭、曾令权:《农村居民点土地集约利用评价及整理潜力测算——以东乡县典型村为例》,《广东农业科学》2011年第14期。

董藩、徐青、刘德英等:《土地经济学》,北京师范大学出版社 2010 年版。

杜官印:《建设用地对碳排放的影响关系研究》,《中国土地科学》2010 年第 3 期。

樊红艳、刘学录:《基于综合评价法的各种无量纲化方法的比较和优选——以兰州市永登县的土地开发为例》,《湖南农业科学》2010 年第 17 期。

方创琳、马海涛:《新型城镇化背景下中国的新区建设与土地集约利用》,《中国土地科学》2013 年第 7 期。

冯孝杰、高殿森、顾宏波等:《区域的土地利用与生态安全及可持续发展的分析》,《后勤工程学院学报》2004 年第 3 期。

付帼、武春友、卢小丽:《基于 AHP - DEMATEL 的建设用地增长驱动因子重要性研究》,《国土资源科技管理》2016 年第 3 期。

顾湘:《产业结构演进对土地利用的影响研究》,《安徽农业科学》2011 年第 18 期。

顾湘:《区域产业结构调整与土地集约利用研究》,博士学位论文,南京农业大学,2007 年。

郭亚军:《综合评价理论、方法及应用》,科学出版社 2007 年版。

郭珍、吴宇哲:《耕地保护制度执行过程中的"目标替代"——基于多任务代理模型的研究》,《经济学家》2016 年第 6 期。

哈尚辰、阿里木江·卡斯林:《天山北坡经济带城市人居环境质量与城市化水平协调性分析》,《水土保持研究》2016 年第

1期。

韩峰、王琢卓、杨海余：《产业结构对城镇土地集约利用的影响研究》，《资源科学》2013年第2期。

韩峰：《技术进步对湖南省城镇土地集约利用的影响》，《中国土地科学》2012年第5期。

郝佳、刘学录：《庆阳和平凉两市县域耕地集约利用度的短板效应研究》，《甘肃农业大学学报》2015年第1期。

何伟、叶晓峰：《我国城市土地利用状况近观透视》，《现代城市研究》2000年第6期。

黄贤金：《地价内涵探析》，《中国土地科学》1995年第4期。

黄贤金：《土地经济学》，科学出版社2006年版。

季凯文、孔凡斌、钟静婧：《区域土地低碳集约化利用效率评价研究——以鄱阳湖生态经济区为例》，《江西财经大学学报》2015年第3期。

贾宏俊、黄贤金、于术桐等：《中国工业用地集约利用的发展及对策》，《中国土地科学》2010年第9期。

江立武、赵小敏：《开发区生态用地配置与土地集约利用关系研究》，《生产力研究》2010年第1期。

蒋贵国：《成都市工业用地土地集约利用潜力评价研究》，《四川师范大学学报》（自然科学版）2007年第5期。

解安宁、黄唯、陈利根：《江苏省城市土地集约利用及其协调机制研究》，《统计与决策》2013年第10期。

孔伟、郭杰、欧名豪等：《中国建设用地集约利用变化及分区管控研究》,《中国土地科学》2016年第4期。

赖光宝、赵勇:《新型城镇化背景下河北省土地利用的问题及对策》,《城市问题》2016年第4期。

[美]雷利·巴洛维:《土地资源经济学——不动产经济学》,谷树忠等译,中国农业出版社1989年版。

黎孔清、陈银蓉:《香港城市土地多元集约利用思考》,《国土资源科技管理》2010年第2期。

黎孔清、陈银蓉:《新城市主义对我国城市土地集约利用的启示》,《广东土地科学》2010年第1期。

黎一畅、周寅康、吴林等:《城市土地集约利用的空间差异研究——以江苏省为例》,《南京大学学报》(自然科学版)2006年第3期。

李丹、张文秀、郑华伟等:《山东半岛城市群城市用地综合效益分析》,《国土与自然资源研究》2010年第2期。

李广东、方创琳:《中国县域国土空间集约利用计量测度与影响机理》,《地理学报》2015年第12期。

李哈滨、王政权:《空间异质性定量研究理论与方法》,《应用生态学报》1998年第9期。

李佳佳、罗能生:《城镇化进程对城市土地利用效率影响的双门槛效应分析》,《经济地理》2015年第17期。

李立、田益祥、张高勋等:《空间权重矩阵构造及经济空间引力效应分析——以欧债危机为背景的实证检验》,《系统工程理论与实践》2015年第8期。

李闽、姜海:《建设用地集约利用的理论与政策研究》,

《中国土地科学》2008年第2期。

李思慧：《产业集聚、人力资本与企业能源效率——以高新技术企业为例》，《财贸经济》2011年第9期。

李伟芳、吴迅锋、杨晓平：《宁波市工业用地节约和集约利用问题研究》，《中国土地科学》2008年第5期。

李小帆、邓宏兵、马静：《长江经济带新型城镇化协调性的趋同与差异研究》，《地理科学进展》2015年第11期。

李晓玲、修春亮、孙平军：《新型城镇化下中国城市土地集约利用格局与机理研究》，《世界地理研究》2015年第1期。

李欣欣、张安明：《低碳视角下的重庆市土地集约利用评价研究》，《水土保持研究》2014年第4期。

李政大、袁晓玲、杨万平：《环境质量评价研究现状、困惑和展望》，《资源科学》2014年第1期。

梁流涛、李斌、段海静：《农村发展与生态环境协调性评价及其时空分异特征分析》，《河南大学学报》（自然科学版）2015年第3期。

林雄斌、马学广、李贵才：《珠三角城市群土地集约利用评价及时空特征分析》，《中国人口·资源与环境》2013年第11期。

刘浩、张毅、郑文升：《城市土地集约利用与区域城市化的时空耦合协调发展评价——以环渤海地区城市为例》，《地理研究》2011年第10期。

刘浩、郑文升、张毅等：《城市土地集约利用度与城市化综合水平协调度分析——以环渤海地区为例》，《华中师范大学学报》（自然科学版）2012年第5期。

刘巧芹、连季婷、黄艳梅等：《石家庄市农村居民点用地集约利用潜力评价》，《地理与地理信息科学》2011年第2期。

刘善开、韦素琼：《基于面板数据的福建省设区市城市土地集约利用时空差异研究》，《福建师范大学学报》（自然科学版）2013年第6期。

鲁春阳、杨庆媛、文枫：《乡镇企业土地集约利用评价》，《西南大学学报》（自然科学版）2009年第11期。

马涛：《产业规划：城市产业用地集约利用实现途径及其经济机理分析——基于土地空间特性的视角》，《上海交通大学学报》（哲学社会科学版）2008年第6期。

倪杰：《我国城市化进程中土地集约利用问题及对策》，《经济纵横》2006年第11期。

宁小李、管莉婧、门明新等：《河北省城市土地集约利用时空分异特征》，《土壤通报》2015年第1期。

潘兴侠、何宜庆、胡晓峰：《区域生态效率评价及其空间计量分析》，《长江流域资源与环境》2013年第5期。

潘卓、廖和平、杜军：《重庆市乡镇企业土地利用集约度评价——以九龙坡区白市驿镇海龙村为例》，《西南师范大学学报》（自然科学版）2011年第2期。

裴杰、王力、喻根等：《基于多源数据的广东省土地集约利用综合评价》，《水土保持研究》2016年第2期。

彭冲、陈乐一、韩峰：《新型城镇化与土地集约利用的时空演变及关系》，《地理研究》2015年第11期。

彭浩、曾刚：《上海市开发区土地集约利用评价》，《经济地理》2009年第7期。

钱铭杰、吴静、袁春等：《矿区废弃地复垦为农用地潜力评价方法的比较》，《农业工程学报》2014年第6期。

邱士可、王莉：《城市规模与土地集约利用研究》，《地域研究与开发》2010年第3期。

渠丽萍、张丽琴、胡伟艳：《城市土地集约利用变化影响因素研究》，《资源科学》2010年第5期。

曲福田、高艳梅、姜海：《我国土地管理政策：理论命题与机制转变》，《管理世界》2005年第4期。

饶映雪、戴德艺、刘成武：《武汉市城市化与城市土地集约利用的协调性研究》，《安徽农业科学》2016年第6期。

任秀金、盖艾鸿：《GIS辅助下的城市土地集约利用评价》，《中国农学通报》2014年第11期。

邵晓梅、刘庆、张衍毓：《土地集约利用的研究进展及展望》，《地理科学进展》2006年第2期。

王爱民：《城市土地集约利用研究的问题与困境》，《重庆大学学报》（社会科学版）2010年第4期。

王成新、张本丽、姚士谋：《山东省城市土地集约利用评价及其时空差异研究》，《中国人口·资源与环境》2012年第7期。

王翠香、毛知明：《1995—2004年西部各省区经济运行状况的综合评价》，《数学的实践与认识》2006年第10期。

王格芳：《快速城市化进程中土地集约利用的对策探讨》，

《资源开发与市场》2010年第4期。

王国恩、黄小芬:《城镇土地利用集约度综合评价方法》,《华中科技大学学报》(城市科学版)2006年第3期。

王恒伟:《基于生态健康的城市土地集约利用》,博士学位论文,西南大学,2010年。

王家庭、季凯文:《中国城市土地集约利用的影响因素分析——基于34个典型城市数据的实证研究》,《经济地理》2009年第7期。

王家庭、张换兆、季凯文:《中国城市土地集约利用——理论分析与实证研究》,南开大学出版社2008年版。

王家庭、张换兆:《现有城市空间下城市化与土地集约利用》,《经济评论》2008年第4期。

王金田:《中国农业经济增长的空间效应分析》,博士学位论文,中国农业科学院,2013年。

王静、邵晓梅:《土地节约集约利用技术方法研究:现状、问题与趋势》,《地理科学进展》2010年第3期。

王兰霞、李巍、王蕾:《哈尔滨市土地利用与生态环境物元评价》,《地理研究》2009年第4期。

王中亚、傅利平、陈卫东:《中国城市土地集约利用评价与实证分析——以三大城市群为例》,《经济问题探索》2010年第11期。

吴玉鸣:《中国省域旅游业弹性系数的空间异质性估计》,《旅游学刊》2013年第2期。

吴郁玲、曲福田、周勇:《城市土地市场发育与土地集约利用分析及对策》,《资源科学》2009 年第 2 期。

吴郁玲、曲福田:《中国城市土地集约利用的影响机理:理论与实证研究》,《资源科学》2007 年第 6 期。

武美丽、敖登、高娃等:《基于主成分分析法的农用地集约利用评价——以内蒙古鄂尔多斯市为例》,《干旱区资源与环境》2016 年第 9 期。

谢敏、郝晋珉、丁忠义等:《城市土地集约利用内涵及其评价指标体系研究》,《中国农业大学学报》2006 年第 5 期。

徐慧、黄贤金、姚丽等:《江阴市电力行业用地集约利用评价》,《中国土地科学》2010 年第 1 期。

杨东朗、安晓丽:《西安市城市土地集约利用综合评价》,《经济地理》2007 年第 3 期。

杨锋、袁春、周伟等:《区域土地集约利用影响因素研究》,《资源与产业》2010 年第 4 期。

杨海文:《空间计量模型的选择、估计及其应用》,博士学位论文,江西财经大学,2015 年。

杨红梅、刘卫东、刘红光:《土地市场发展对土地集约利用的影响》,《中国人口·资源与环境》2011 年第 12 期。

杨建锋、王令超、马军成:《基于企业与行业的开发区土地集约利用评价研究》,《地域研究与开发》2012 年第 1 期。

杨树海:《城市土地集约利用的内涵及其评价指标体系构建》,《经济问题探索》2007 年第 1 期。

杨维旭、陈松林、叶滨鸿:《厦门市城镇化与土地集约利用关系研究》,《山西师范大学学报》(自然科学版)2015 年第

4 期。

杨艳昭、封志明、赵延德等：《中国城市土地扩张与人口增长协调性研究》，《地理研究》2013 年第 9 期。

杨志荣、尹奇、靳相木：《基于委托—代理模型的中国城市土地集约利用的分析》，《四川农业大学学报》2008 年第 3 期。

姚成胜、李政通、杜涵等：《长三角地区土地集约利用与经济发展协调性》，《经济地理》2016 年第 2 期。

叶宗裕：《关于多指标综合评价中指标正向化和无量纲化方法的选择》，《浙江统计》2003 年第 4 期。

尹君、谢俊奇、王力等：《基于 RS 的城市土地集约利用评价方法研究》，《自然资源学报》2007 年第 5 期。

于海清、赵杰、陈常优：《我国城市化进程中土地集约利用与耕地保护研究》，《安徽农业科学》2009 年第 10 期。

于忠华、李文青、刘海滨等：《快速发展地区经济增长与资源环境协调性分析——以南京为例》，《长江流域资源与环境》2015 年第 10 期。

岳秋丽、刘传林：《基于 PSR 模型的江苏省城市土地集约利用评价》，《水土保持研究》2016 年第 3 期。

张根寿、罗栋：《武汉市土地集约利用评价及对环境影响的分析》，《华中师范大学学报》（自然科学版）2010 年第 3 期。

张江雪：《我国三大经济地带就业弹性的比较》，《数量经济技术经济研究》2005 年第 10 期。

张琳、王亚辉、郭雨娜：《中国土地城镇化与经济城镇化的协调性研究》，《华东经济管理》2016 年第 6 期。

张苗、甘臣林、陈银蓉:《基于SBM模型的土地集约利用碳排放效率分析与低碳优化》,《中国土地科学》2016年第3期。

张卫东:《市场经济下土地集约利用动因探析》,《浙江国土资源》2006年第7期。

张卫华、赵铭军:《指标无量纲化方法对综合评价结果可靠性的影响及其实证分析》,《统计与信息论坛》2005年第3期。

张彦、王瑷玲、王瑞燕等:《基于灰色关联度的开发区典型企业集约用地评价》,《山东农业大学学报》(自然科学版)2016年第4期。

赵乐:《快速城市化进程中浙江沿海城市用地时空变化研究》,博士学位论文,浙江大学,2010年。

赵荣钦、刘英、郝仕龙等:《低碳土地利用模式研究》,《水土保持研究》2010年第5期。

赵小风、黄贤金、陈逸等:《城市土地集约利用研究进展》,《自然资源学报》2010年第11期。

镇风华、舒帮荣、李永乐等:《基于土地承载视角的城镇化协调性时空分异研究——以长三角地区为例》,《现代城市研究》2016年第12期。

郑新奇、王筱明、王爱萍等:《城市宗地集约利用潜力评价方法研究——以济南市城区为例》,《资源科学》2006年第6期。

周浩、陈银蓉、顾颖敏:《中国城市土地集约利用的时空差异与驱动力分析》,《湖北农业科学》2013年第2期。

周璐红、洪增林、薛旭平等:《西安市大兴新区旧城改造土地集约利用潜力评价》,《中国土地科学》2009年第2期。

周晓艳、冯准准、康春:《武汉城市圈土地集约利用空间差异研究》,《华中师范大学学报》(自然科学版)2008年第1期。

周作江、周国华、唐承丽等:《环长株潭城市群土地集约利用时空演变研究》,《水土保持研究》2014年第5期。

朱永霞、朱红梅、谭雪兰等:《长沙市低碳经济与土地集约利用的关系研究——基于Tapio脱钩理论的实证》,《国土与自然资源研究》2016年第1期。

朱志远、苗建军、崔玮:《城市建设用地集约利用的碳排放效率分析》,《地域研究与开发》2016年第3期。

朱志远、苗建军:《成渝城市群土地利用与生态经济发展协调度测度》,《城市问题》2017年第5期。

朱志远、崔玮、苗建军:《城市土地集约利用测度及其空间溢出效应》,《华东经济管理》2017年第6期。

朱志远、苗建军:《城市土地集约利用的空间极化特征、不均衡性与空间收敛性分析》,《统计与决策》2018年第18期。

Anselin, L., Bera, A. K., Florax, R. et al., "Simple Diagnostic Tests for Spatial Dependence", *Regional Science and Urban Economics*, Vol.26, No.1, 1996, p.77.

Anselin, L., Florax, R. J. G. M., *Small Sample Properties of Tests for Spatial Dependence in Regression Models: Some Further Results*, Berlin: Springer Berlin Heidelberg, 1995.

Anselin, L., Hudak, S., "Spatial Econometrics in Practice: A

Review of Software Options", *Regional Science and Urban Economics*, Vol.22, No.3, 1992, p.509.

Anselin, L., "Lagrange Multiplier Test Diagnostics for Spatial Dependence and Spatial Heterogeneity", *Geographical Analysis*, Vol.20, No.1, 1988, p.1.

Anselin, L., *Spatial Econometrics, Methods and Models*, Berlin: Springer Science & Business Media, 2013.

Anselin, L., "Spatial Externalities, Spatial Multipliers, and Spatial Econometrics", *International Regional Science Review*, Vol.26, No.2, 2003, p.153.

Bin, Q., Jian-Fei, C., Hong-Lie, Q. I. U. et al., "Spatial-Temporal Pattern and Driving Forces of Land Use Changes in Xiamen", *Pedosphere*, Vol.16, No.4, 2006, p.477.

Breusch, T. S., "Maximum Likelihood Estimation of Random Effects Models", *Journal of Econometrics*, Vol.36, No.3, 1987, p.383.

Cen, X., Wu, C., Xing, X. et al., "Coupling Intensive Land Use and Landscape Ecological Security for Urban Sustainability: An Integrated Socioeconomic Data and Spatial Metrics Analysis in Hangzhou City", *Sustainability*, Vol.7, No.2, 2015, p.1459.

Chuai, X., Huang, X., Wang, W. et al., "Land Use, Total Carbon Emissions Change and Low Carbon Land Management in Coastal Jiangsu, China", *Journal of Cleaner Production*, Vol.22, No.3, 2015, p.77.

Cui, W., Feng, J., Miao, J., "Analysis of Non-Agricultural Land Eco-Efficiency Considering the Carbon Emission in Build-Up Regions", *International Journal of Applied Mathematics & Statistics*, Vol.51, No.20, 1992, p.609.

Cui, W., Zhu, Z., Feng, J., "Urban Construction Land Deployment Based on Ecological Efficiency Malmquist Index", *Metallurgical and Mining Industry*, Vol.7, No.8, 2015, p.114.

De Vries, W., Lewis, J., "Are Urban Land Tenure Regulations in Namibia the Solution or the Problem?", *Land Use Policy*, Vol.26, No.4, 2009, p.1116.

Dela, Vega M. C. L., Urrutia, A. M., "An Alternative Formulation of the Esteban-Gradín-Ray Extended Measure of Polarization", *Journal of Income Distribution*, Vol.15, No.1, 2006, p.42.

Elhorst, J. P., "Specification and Estimation of Spatial Panel Data Models", *International Regional Science Review*, Vol.26, No.3, 2003, p.244.

Esteban, J. M., Ray, D., "On the Measurement of Polarization", *Econometrica: Journal of the Econometric Society*, Vol.22, No.3, 1994, p.819.

Esteban, J., Gradín, C., Ray, D., "An Extension of a Measure of Polarization, with an Application to the Income Distribution of Five OECD Countries", *The Journal of Economic Inequality*, Vol.5, No.1, 2007, p.1.

Fiona Curran-Cournane, Melanie Vaughan et al., "Trade-Offs between High Class Land and Development: Recentand Future Pressures on Auckland's Valuable Soil Resources", *Land Use Policy*,

Vol.39, No.1, 2014, p.146.

Geary, R. C., "The Contiguity Ratio and Statistical Mapping", *The Incorporated Statistician*, Vol.5, No.3, 1954, p.115.

Getis, A., Griffith, D. A., "Comparative Spatial Filtering in Regression Analysis", *Geographical Analysis*, Vol.34, No.2, 2002, p.130.

Getis, A., Ord, J. K., "The Analysis of Spatial Association by Use of Distance Statistics", *Geographical Analysis*, Vol.24, No.3, 1992, p.189.

Geurs, K. T., "Job Accessibility Impacts of Intensive and Multiple Land-Use Scenarios for the Netherlands' Randstad Area", *Journal of Housing and the Built Environment*, Vol.21, No.1, 2006, p.51.

Hasse, J. E., Lathrop, R. G., "Land Resource Impact Indicators of Urban Sprawl", *Applied Geography*, Vol.23, No.2, 2003, p.159.

Herzog, F., Steiner, B., Bailey, D. et al., "Assessing the Intensity of Temperate European Agriculture at the Landscape Scale", *European Journal of Agronomy*, Vol.24, No.2, 2006, p.165.

Hosseinali, F., Alesheikh, A. A., Nourian, F., "Agent-Based Modeling of Urban Land-Use Development, Case Study: Simulating Future Scenarios of Qazvin City", *Cities*, Vol.31, No.4, 2013, p.105.

Howley, P., "Attitudes Towards Compact City Living: Towards a Greater Understanding of Residential Behavior", *Land Use Policy*, Vol.26, No.3, 2009, p.792.

Hui, E. C. M., Wu, Y., Deng, L. et al., "Analysis on Coupling

Relationship of Urban Scale and Intensive Use of Land in China", *Cities*, Vol.42, No.2, 2015, p.63.

Isik, S., Kalin, L., Schoonover, J. E. et al., "Modeling Effects of Changing Land Use/Cover on Daily Streamflow: An Artificial Neural Network and Curve Number Based Hybrid Approach", *Journal of Hydrology*, Vol.485, No.4, 2013, p.103.

Jim, C. Y., "Green-Space Preservation and Allocation for Sustainable Greening of Compact Cities", *Cities*, Vol.21, No.4, 2004, p.311.

Kasanko, M., Barredo, J. I., Lavalle, C. et al., "Are European Cities Becoming Dispersed? A Comparative Analysis of 15 European Urban Areas", *Landscape and Urban Planning*, Vol.77, No.1, 2006, p.111.

Lambin, E. F., Rounsevell, M. D. A., Geist, H. J., "Are Agricultural Land-Use Models Able to Predict Changes in Land-Use Intensity?", *Agriculture, Ecosystems & Environment*, Vol.82, No.1, 2000, p.321.

Lau, S. S. Y., Giridharan, R., Ganesan, S., "Multiple and Intensive Land Use: Case Studies in Hong Kong", *Habitat International*, Vol.29, No.3, 2005, p.527.

Lin, S. W., Ben, T. M., "Impact of Government and Industrial Agglomeration on Industrial Land Prices: A Taiwanese Case Study", *Habitat International*, Vol.33, No.4, 2009, p.412.

Liu, Z., Pu, C., Zhu, A. et al., "Study on Land Use Structure

Changes and Countermeasures", *Asian Agricultural Research*, Vol.5, No.6, 2013, p.48.

Lo, A. Y., Jim, C. Y., "Community Attachment and Resident Attitude Toward Old Masonry Walls and Associated Trees in Urban Hong Kong", *Cities*, Vol.42, No.2, 2015, p.130.

Malik, M. I., Bhat, M. S., "Anthropogenic Land Use Change Detection in a Kashmir Himalayan Watershed: A Remote Sensing and GIS Approach", *Journal of Remote Sensing & GIS*, Vol.5, No.1, 2014, p.34.

Mansell, R., Jenkins, M., "Networks, Industrial Restructuring and Policy: The Singapore Example", *Technovation*, Vol.12, No.6, 1992, p.397.

Moran, P. A. P., "Notes on Continuous Stochastic Phenomena", *Biometrika*, Vol.37, No.1/2, 1950, p.17.

Neirotti, P., De Marco, A., Cagliano, A. C. et al., "Current Trends in Smart City Initiatives: Some Stylised Facts", *Cities*, Vol.38, No.6, 2014, p.25.

Neuman, M., "The Compact City Fallacy", *Journal of Planning Education and Research*, Vol.25, No.1, 2005, p.11.

Östlund, L., Hörnberg, G., De Luca, T. H. et al., "Intensive Land Use in the Swedish Mountains Between AD 800 and 1200 Led to Deforestation and Ecosystem Transformation with Long-Lasting Effects", *Ambio*, Vol.38, No.6, 2015, p.1.

Pace, R. K., Barry, R., "Sparse Spatial Autoregressions",

Statistics & Probability Letters, Vol.33, No.3, 1997, p.291.

Puth, M. T., Neuhäuser, M., Ruxton, G. D., "Effective Use of Spearman's and Kendall's Correlation Coefficients for Association Between Two Measured Traits", *Animal Behaviour*, Vol.102, No.4, 2015, p.77.

Roo, G. D., Miller, D., *Compact Cities and Sustainable Urban Development: A Critical Assessment of Policies and Plans from an International Perspective*, Aldershot: Ashgate Pub Limited, 2000.

Salazar, S. D. S., Menéndez, L. G., "Public Provision Versus Private Provision of Industrial Land: A Hedonic Approach", *Land Use Policy*, Vol.22, No.3, 2005, p.215.

Scott, A. J., *Global City: Regions, Trends, Theory, Policy*, Oxford: Oxford University Press, 2001.

Seppälä, J., Melanen, M., Mäenpää, I. et al., "How Can the Eco-Efficiency of a Region Be Measured and Monitored?", *Journal of Industrial Ecology*, Vol.9, No.4, 2005, p.117.

Shriar, A. J., "Agricultural Intensity and Its Measurement in Frontier Regions", *Agroforestry Systems*, Vol.49, No.3, 2000, p.301.

Slee, B., "Social Indicators of Multifunctional Rural Land Use: The Case of Forestry in the UK", *Agriculture, Ecosystems & Environment*, Vol.120, No.1, 2007, p.31.

Suzuki, M., "PSR—An Efficient Stock-Selection Tool?", *International Journal of Forecasting*, Vol.14, No.2, 1998, p.245.

Taleai, M., Sharifi, A., Sliuzas, R. et al., "Evaluating the Compatibility of Multi-Functional and Intensive Urban Land Uses", *International Journal of Applied Earth Observation and Geoinformation*, Vol.9, No.4, 2007, p.375.

Tang, B., Ho, W. K. O., "Land-Use Planning and Market Adjustment Under De-Industrialization: Restructuring of Industrial Space in Hong Kong", *Land Use Policy*, Vol.43, No.2, 2015, p.28.

Tone, K., "Dealing with Undesirable Outputs in DEA: A Slacks-Based Measure (SBM) Approach", Presented at NAPW Ⅲ, Toronto, 2004.

Thinh, N. X., Arlt, G., Heber, B. et al., "Evaluation of Urban Land-Use Structures with a View to Sustainable Development", *Environmental Impact Assessment Review*, Vol.22, No.5, 2002, p.475.

Turner, B. L., Doolittle, W. E., "The Concept and Measure of Agricultural Intensity", *The Professional Geographer*, Vol.30, No.3, 1978, p.297.

Wang, J., Chen, Y., Shao, X. et al., "Land-Use Changes and Policy Dimension Driving Forces in China: Present, Trend and Future", *Land Use Policy*, Vol.29, No.4, 2012, p.737.

Wang, Y. Q., Tsui, K. Y., "Polarization Orderings and New Classes of Polarization Indices", *Journal of Public Economic Theory*, Vol.2, No.3, 2000, p.349.

Wey, W. M., Hsu, J., "New Urbanism and Smart Growth: Toward Achieving a Smart National Taipei University District", *Habitat International*, Vol.42, No.4, 2014, p.164.

Williams, K., "Can Planners Implement Urban Intensification Policies?", *Town and Country Planning*, Vol.67, No.10, 1998, p.340.

Williams, K., "Urban Intensification Policies in England: Problems and Contradictions", *Land Use Policy*, Vol.16, No.3, 1999, p.167.

Wolfson, M. C., "When Inequalities Diverge", *The American Economic Review*, Vol.84, No.2, 1994, p.353.

Wu, Y., Zhang, X., Skitmore, M. et al., "Industrial Land Price and Its Impact on Urban Growth: A Chinese Case Study", *Land Use Policy*, Vol.36, No.1, 2014, p.199.

Feng, X., Fujiwara, A., Zhang, J., "Exploring Sustainable Urban Forms for Developing City Based on New Integrated Model", *Journal of Transportation Systems Engineering and Information Technology*, Vol.8, No.5, 2008, p.50.

Yang, Y., O'Neill, K., "Understanding Factors Affecting People's Attitudes Toward Living in Compact and Mixed-Use Environments: A Case Study of a New Urbanist Project in Eugene, Oregon, USA", *Journal of Urbanism: International Research on Placemaking and Urban Sustainability*, Vol.7, No.1, 2014, p.1.

Zhan, J., Liu, J., Lin, Y. et al., *Land Use Change Dynamics Model Compatible with Climate Models*, Berlin: Springer Berlin Heidelberg, 2014.

Zhang, B., Bi, J., Fan, Z. et al., "Eco-Efficiency Analysis of Industrial System in China: A Data Envelopment Analysis Approach",

Ecological Economics, Vol.68, No.1, 2008, p.306.

Zhu, J., "Industrial Globalisation and Its Impact on Singapore's Industrial Landscape", *Habitat International*, Vol. 26, No. 2, 2002, p.177.

Zhu, Z., Miao, J., Cui, W., "Measuring Regional Eco-Efficiency: A Non-Oriented Slacks-Based Measure Analysis", *International Journal of Earth Sciences and Engineering*, Vol. 7, No. 6, 2014, p.2520.

Zhu, Z., Miao, J., Cui, W., "Regional Eco-Efficiency Variation: A Data Envelopment Analysis Approach", *International Journal of Earth Sciences and Engineering*, Vol.8, No.2, 2015, p.977.